현지에서 바로

통하는 통문장 스페인어

- 신승 지음 -

**현지에서 바로
통하는 통문장 스페인어**

초판인쇄 2025년 08월 01일

지은이 신승
펴낸이 임승빈
펴낸곳 ECK북스
출판사 등록번호 제 2020-000303호
출판사 등록일자 2000. 2. 15
주소 서울시 마포구 창전로2길 27 [04098]
대표전화 02-733-9950 | **이메일** eck@eckedu.com

제작총괄 염경용
편집책임 정유항, 김하진 | **편집진행** 이승연 | **디자인** 다원기획
마케팅 강다현, 석원정혜 | **영상** 김선관 | **인쇄** 북토리

* ECK북스는 (주)이씨케이교육의 도서출판 브랜드로, 외국어 교재를 전문으로 출판합니다.
* 이 책의 모든 내용, 디자인, 이미지 및 구성의 저작권은 ECK북스에 있습니다.
* 출판사와 저자의 사전 허가 없이 이 책의 일부 또는 전부를 복제, 전재, 발췌하면 법적 제재를 받을 수 있습니다.
* 잘못된 책은 구입하신 서점에서 교환해 드립니다.

ISBN 979-11-6877-353-0
정가 20,000원

ECK교육 | 세상의 모든 언어를 담다

기업출강 · 전화외국어 · 비대면교육 · 온라인강좌 · 교재출판 · 통번역센터 · 평가센터

ECK교육   www.eckedu.com
ECK온라인강좌 www.eckonline.kr
ECK북스   www.eckbook.com

유튜브   www.youtube.com/@eck7687
네이버 블로그 blog.naver.com/eckedu
페이스북   www.facebook.com/ECKedu.main
인스타그램   @eck__official

머리말

　대부분의 스페인어 회화 교재에서는 딱딱하고 기계적인 문장을 배우는 경우가 많습니다. 하지만 실제로 스페인 사람들이 일상에서 자주 쓰는 표현들을 익히면, 훨씬 더 자연스럽고 유용하게 말할 수 있다는 것을 알게 됩니다. 특히 말 그대로 해석하면 뜻이 잘 와닿지 않지만, 그 안에 사람들의 감정이나 생활 방식이 담긴 표현들을 알면 스페인어를 더 깊이 이해하는 데 큰 도움이 됩니다.

　「현지에서 바로 통하는 통문장 스페인어」는 스페인 사람들이 실제 생활에서 자주 쓰는 표현들을 쉽고 재미있게 익힐 수 있도록 구성하였습니다. 아주 쉬운 단어들로 구성된 문장이지만, 직역으로는 이해하기 어려운 표현들도 유래와 의미에 대한 설명을 곁들여 자연스럽게 학습할 수 있도록 준비했습니다. 또한 각 표현마다 예시 대화를 함께 담아, 실제로 어떻게 쓰이는지 바로 확인하고 따라 해볼 수 있도록 하였습니다. 이 책을 통해 스페인어를 공부하는 많은 분들이 생생한 표현의 재미를 느끼고, 더 자연스럽고 세련된 스페인어 회화를 구사할 수 있게 되기를 바랍니다.

　「현지에서 바로 통하는 통문장 스페인어」를 집필하기까지 많은 분들의 도움이 있었습니다. 특히, 이 책을 출판할 수 있는 기회를 주신 ECK교육 임승빈 대표님께 감사의 말씀을 전합니다. 집필 과정에서 늘 좋은 아이디어와 끊임없는 조언을 주시며 더 나은 교재가 될 수 있도록 도와주신 이승연 실장님과 정유항 팀장님, 김하진 대리님께도 감사의 인사를 드립니다. 바쁜 와중에도 따뜻한 관심과 성실한 피드백을 주신 전효동 선생님과 양민정 선생님, 녹음 작업에 흔쾌히 참여해 주신 Juan 선생님, 늘 저의 에너지를 채워주는 제자들과 가족들에게 깊은 감사를 전합니다. 마지막으로 항상 제가 하는 모든 일을 소중하게 생각하고 이해하며 아낌없는 격려와 응원을 보내주는 사랑하는 남편과 세상에 하나뿐인 아들 건우에게 고마움을 표합니다.

저자 **신 승**

이 책의 활용법

하루 5문장, 30일 완성!
30일이면, 150개의 표현을 원어민처럼 말할 수 있어요.

직역하면 전혀 **엉뚱한 뜻**이 되지만, 일상생활에서 자주 쓰이는 표현들을 **하나의 단어처럼 의미 그대로 통째로 외워서** 바로 쓸 수 있게 연습해 보세요.

PART 1 짧은 문장 한 단어처럼 외우자! 15 Day

원어민이 하루에도 여러 번 쓰는 필수 표현 중, 짧고 쉽게 외울 수 있는 문장들을 알아봅니다.
단시간에 외워서 바로 회화에 활용해 보세요. 자신감이 올라갑니다.

PART 2 긴 문장 원어민처럼 말하자! 15 Day

일상생활에서 자주 쓰이는 표현 중, 상황에 맞는 조금 더 긴 문장들을 익혀봅니다.
자연스러운 연결 표현과 말하기 흐름을 연습하여 원어민처럼 말해 보세요.
회화가 즐거워집니다.

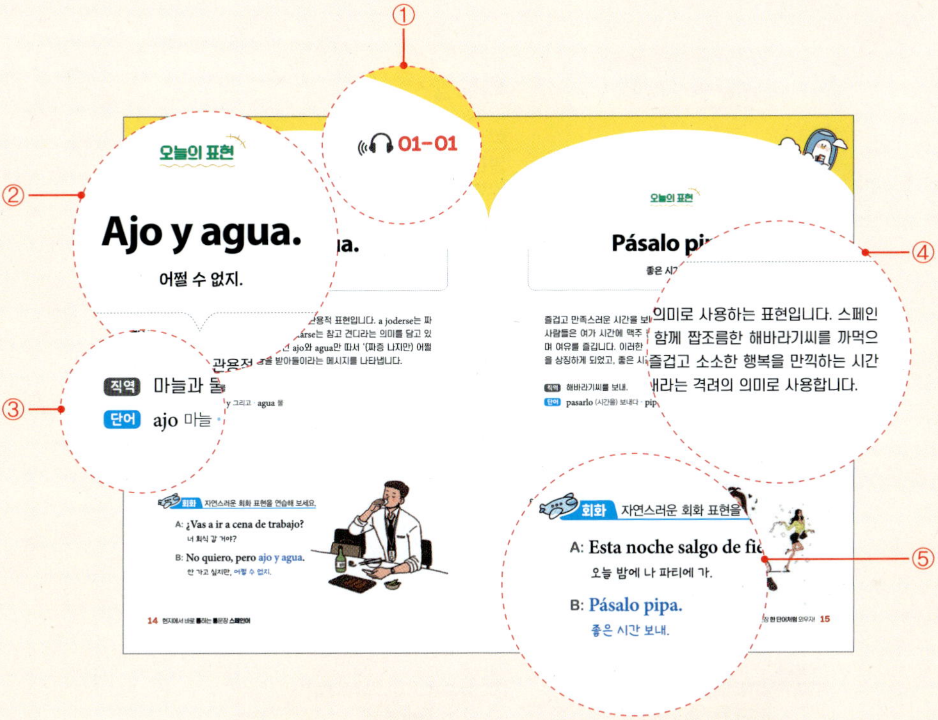

❶ MP3
원어민 발음의 자연스러운 억양과 발음을 들어봅니다.

❷ 오늘의 표현
일상생활에서 자주 쓰이는 표현 중, 오늘 배울 표현을 알아봅니다.

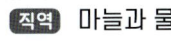
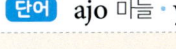

❸ 직역과 단어
'오늘의 표현'에 대한 직역과 단어별 뜻을 알아봅니다.

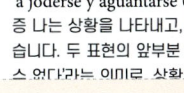

❹ 설명글
직역과 실제 의미의 차이를 알아보고,
표현이 생겨난 배경과 쓰이는 이유를 함께 살펴봅니다.

❺ 회화
'오늘의 표현'이 실제 회화에서 어떻게 쓰이는지 예문으로
알아보고, 회화문을 통해 자연스러운 해석도 연습해 보세요.

5

이 책의 활용법

외워봅시다!

학습한 문장을 해석 또는 작문해 보며 얼마나 익숙해졌는지 확인해 봅니다. 완벽히 외우는 것이 중요합니다.

* 정답은 오른쪽 하단에 있습니다.

스페인 탐방기

스페인의 문화와 일상생활을 함께 알아봅니다.
언어만 배우는 데 그치지 않고, 스페인이라는 나라를 더 깊이 이해할 수 있습니다.

MP3 다운로드 방법

본 교재의 MP3 파일은 www.eckbooks.kr에서 무료로 다운로드 받을 수 있습니다.
QR 코드를 찍으면 다운로드 페이지로 이동합니다.

이 책의 **세부 목차**

PART 1 짧은 문장 **한 단어처럼** 외우자!

1Day • 14
어쩔 수 없지.
좋은 시간 보내.
맥락을 놓쳤어.
비교가 안돼.
운이 좋네.
스페인 탐방기 : 대중교통 이용하기

2Day • 22
그렇게 되지 않기를 바라.
내가 꿰뚫고 있어.
연줄이 있어.
정신 바짝 차려.
걔는 살살이 알고 있어.
스페인 탐방기 : 레스토랑 예절

3Day • 30
걔 술에 취해 잤어.
이미 지난 일이야.
포기하지 마.
넌 잘난 척이 심해.
입장 바꿔 생각해 봐.
스페인 탐방기 : 음식 추천

4Day • 38
네가 실세네.
걔는 염치가 없어.
깜빡 졸았어.
걔는 제정신이 아니야.
배 터지게 먹었어.
스페인 탐방기 : 음료 추천

5Day • 46
걔가 나 바람맞혔어.
나 너무 피곤해.
걔 잘나가는 사람이야.
새치기하지 마세요.
나 너무 떨려.
스페인 탐방기 : 타파스

6Day • 54
싼 게 비지떡.
너는 너무 천천히 가.
입바른 소리 하지 마.
나 기분이 저기압이야.
내 애인이야.
스페인 탐방기 : 숙박시설

이 책의 **세부 목차**

7Day · 62
뭔가 수상해.
넌 손 하나 까딱 안 하는구나.
참견하지 마.
너는 음악적 재능이 있구나.
너무 놀랍다!

스페인 탐방기 : 쇼핑 꿀팁

8Day · 70
분위기 망치지 마.
내 뒷담화하지 마.
그는 있으나 마나 한 사람이야.
걔는 정말 무식해.
없는 데가 없어.

스페인 탐방기 : 날씨

9Day · 78
되는 일이 없어.
걔는 감정 기복이 심해.
난 아주 편안해.
엎친 데 덮친 격이네.
잘 어울려.

스페인 탐방기 : 여행 시, 유용한 앱

10Day · 86
출출함을 달래보자.
걔네는 전혀 어울리지 않아.
네가 해결책을 가지고 있어.
모든 게 순조롭게 진행되고 있어.
엮이지 마.

스페인 탐방기 : 기념품

11Day · 94
바가지 씌우지 마세요.
오늘 정신이 없어.
너 미쳤구나.
넌 내 오른팔이야.
우리는 소울메이트야.

스페인 탐방기 : 여행 시, 유의 사항

12Day · 102
너는 선을 넘었어.
우리 힘을 합치자.
용기를 내.
엄청 멀리 있어.
못 들은 척하지 마.

스페인 탐방기 : 세계문화유산

PART 2 긴 문장 원어민처럼 말하자!

13 Day · 110
너는 기억력이 안 좋구나.
소문 퍼뜨리지 마.
집중해 봐.
너나 잘해.
안성맞춤이네.
스페인 탐방기 : 박물관

14 Day · 118
꿈도 꾸지 마.
불난 집에 부채질하지 마.
그건 전혀 엉뚱한 얘기잖아.
너는 내 치부를 까발렸어.
핑계 대지 마.
스페인 탐방기 : 숨겨진 이슬람 문화

15 Day · 126
경제적인 여유가 없어.
넌 똑같은 소리만 해.
세상 참 좁다.
엄청 비싸다.
너는 시력이 참 좋구나.
스페인 탐방기 : 스페인 문화 즐기기

1 Day · 136
이제 돌이킬 수 없어.
너 악필이구나.
너 멋지게 차려입었네.
우리는 죽이 잘 맞아.
난 눈이 잘 안 보여. (= 시력이 나빠.)
스페인 탐방기 : 4개의 스페인어

2 Day · 144
넌 꿈쩍도 안 하는구나.
걔 마마보이야.
걔는 쓸모가 없어.
너 너무 꾸몄어.
걔가 일을 망쳐놨어.
스페인 탐방기 : 하루 식사

3 Day · 152
난 결백해.
일이 틀어졌어.
나 일찍 잠들었어.
나 늦잠 잤어.
걔는 책벌레야.
스페인 탐방기 : 일상적인 장소

이 책의 세부 목차

4 Day · 160
걔 사춘기야.
괴로워하지 마.
더 이상 나 세뇌시키지 마.
까불지 마.
파리만 날리고 있어.
스페인 탐방기 : 도로

5 Day · 168
너 정말 체계적인 사람이구나.
나 죽기 일보 직전이야.
너 술고래구나.
딴소리 좀 하지 마.
우리 돈 없어.
스페인 탐방기 : 화폐와 표기 방법

6 Day · 176
얼토당토않네.
걔 위태로운 상황이야.
넌 마음이 너무 여려.
네가 정곡을 찔렀어.
나는 절박해.
스페인 탐방기 : 결혼 문화

7 Day · 184
너 골초구나.
너는 낭비가 심해.
내 손에 장을 지진다.
나 물 만난 고기야.
주제 파악 좀 해.
스페인 탐방기 : 복권 문화

8 Day · 192
나 엄청 일찍 자.
우리는 절친이야.
심사숙고해 볼게.
근거 없는 계획 세우지 마.
난 너무 기뻐.
스페인 탐방기 : 우체국

9 Day · 200
엄청 맛있어.
그게 결정적인 계기야.
너 참 이기적이다.
놀리지 마.
나 좀 괴롭히지 마.
스페인 탐방기 : 다양한 축제

10 Day · 208
동네방네 소문 내지 마.
나 밤새 열공했어.
똑같이 복수할 거야.
결정권은 나한테 있어.
남의 불행을 이용하지 마.

스페인 탐방기 : 유명 브랜드

11 Day · 216
너는 일에 두서가 없어.
너는 걱정을 사서 한다.
최선을 다해라.
우리는 꽉 끼었어.
상관하지 마.

스페인 탐방기 : 영화

12 Day · 224
넌 정말 천재야.
제 버릇 개 못 줘.
트집 잡지 마.
좋은 소식은 널리 알려야지.
나 궁지에 몰렸어.

스페인 탐방기 : 유명 화가

13 Day · 232
나 요즘 돈 좀 있어.
나 폭발하기 일보 직전이야.
너는 꿈속에 사는구나.
나 좀 설렌다.
오늘은 때가 아니야.

스페인 탐방기 : 스포츠 선수

14 Day · 240
걔는 정말 특이해.
너무 수상해.
기억이 날 듯 말 듯 해.
누워서 침 뱉기야.
나 깔보지 마.

스페인 탐방기 : 자연환경

15 Day · 248
상황을 곤란하게 만들지 마.
네가 날 살렸어.
넌 굴러온 복을 발로 찼어.
너는 나를 잘 아는구나.
난 아주 행복해.

스페인 탐방기 : 스페인어로 이름 짓기

짧은 문장 한 단어처럼 외우자!

15Day

DAY 1

🎧 01-01

오늘의 표현

Ajo y agua.

어쩔 수 없지.

'a joderse y aguantarse'에서 유래한 관용적 표현입니다. a joderse는 짜증 나는 상황을 나타내고, a aguantarse는 참고 견디라는 의미를 담고 있습니다. 두 표현의 앞부분 철자인 ajo와 agua만 따서 '(짜증 나지만) 어쩔 수 없다'라는 의미로, 상황을 받아들이라는 메시지를 나타냅니다.

직역 마늘과 물

단어 ajo 마늘 · y 그리고 · agua 물

 **회화** 자연스러운 회화 표현을 연습해 보세요.

A: ¿Vas a ir a cena de trabajo?
너 회식 갈 거야?

B: No quiero, pero ajo y agua.
안 가고 싶지만, 어쩔 수 없지.

Pásalo pipa.

좋은 시간 보내.

즐겁고 만족스러운 시간을 보내라는 의미로 사용하는 표현입니다. 스페인 사람들은 여가 시간에 맥주 한 잔과 함께 짭조름한 해바라기씨를 까먹으며 여유를 즐깁니다. 이러한 모습은 즐겁고 소소한 행복을 만끽하는 시간을 상징하게 되었고, 좋은 시간을 보내라는 격려의 의미로 사용합니다.

직역 해바라기씨를 보내.

단어 pasarlo (시간을) 보내다 • pipa 해바라기씨

회화 자연스러운 회화 표현을 연습해 보세요.

A: Esta noche salgo de fiesta.
오늘 밤에 나 파티에 가.

B: Pásalo pipa.
좋은 시간 보내.

Perdí el hilo.

맥락을 놓쳤어.

대화 중, 말하려던 내용을 잊어버리거나 이야기의 맥락을 잃어버린 경우에 사용하는 표현입니다. 바느질할 때 바늘과 실이 반드시 함께 있어야 하는데, 실을 잃어버리면 바느질을 이어갈 수 없듯이 대화에서도 흐름을 잃어버렸다는 의미로 사용합니다.

직역 실을 잃어버렸어.
단어 perder 잃다 · hilo 실

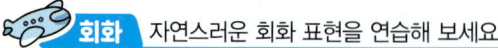

A: ¿De qué estás hablando? No entiendo nada.
  너 무슨 말 하고 있는 거야? 전혀 이해를 못 하겠어.

B: A ver… lo siento. Perdí el hilo.
  잠깐… 미안해. 내가 흐름을 놓쳤어.

오늘의 표현

No hay color.

비교가 안돼.

어떤 두 대상을 비교할 때, 한쪽이 너무 뛰어나서 비교 자체가 의미 없을 때 쓰는 표현입니다. '색깔'이라는 단어를 통해, 차이가 분명하게 드러나는 상황을 떠올리게 해 비교 자체가 무의미함을 나타냅니다.

직역 색깔이 없어.
단어 hay ~이 있다 · color 색깔

 자연스러운 회화 표현을 연습해 보세요.

A: **¿Cuál es mejor?**
뭐가 더 나아?

B: **Mejor este, no hay color.**
이게 더 나아, 비교가 안되지.

오늘의 표현

Tiene estrella.

운이 좋네.

운이 좋거나 행운이 따르는 사람을 묘사할 때 사용하는 표현입니다. 하늘에 떠있는 별을 가지는 것처럼 불가능한 일이 일어났다는 것은, 그만큼 운이 좋다는 의미로 이해할 수 있습니다. 일상에서 친구나 동료가 예상치 못한 행운이나 성공한 상황에서 자주 사용합니다.

직역 별을 가지고 있다.

단어 tener 가지고 있다 · estrella 별

회화 자연스러운 회화 표현을 연습해 보세요.

A: ¡María tocó la lotería!
마리아가 복권에 당첨됐대!

B: ¿En serio? Tiene estrella.
진짜? 운이 좋네.

외워봅시다!

글을 읽고 해석하거나 작문해 보세요.

- 좋은 시간 보내.

  Pásalo pipa.

- 맥락을 놓쳤어.

  Perdí el hilo.

- 운이 좋네.

  Tiene estrella.

- **No hay color.**

  비교가 안돼.

- **Ajo y agua.**

  어쩔 수 없지.

대중교통 이용하기

• 기차 tren

마드리드를 중심으로 철도망이 잘 발달해 있어 도시 간 이동이 편리합니다. 특히 고속 열차 AVE를 이용하면 주요 도시를 빠르게 오갈 수 있습니다. 다만, 출발 시간이나 플랫폼이 자주 변경되므로 역 내의 안내판을 잘 확인하는 것이 중요합니다.

✅ 꿀팁 용어

RENFE 스페인 국철 • salida 출발 • llegada 도착 • destino 행선지
procedente 출발지 • vía 선로

• 버스 autobús

시내버스뿐만 아니라 중·장거리 버스도 잘 갖춰져 있어 소도시 여행에 유용합니다. 중·장거리 버스의 경우, 인기 노선은 미리 인터넷으로 예매하는 것이 좋습니다.

✅ 꿀팁 용어

parada 정류장 • billete 티켓 • bajar 내리다

• 지하철 metro

마드리드와 바르셀로나는 지하철로도 충분히 주요 관광지를 갈 수 있습니다. 한국과 달리 지하철 문이 수동식이기 때문에, 내릴 때 직접 문을 열어야 한다는 점을 기억하세요.

✅ **꿀팁용어**

plano 노선도 • estación 역 • transbordo 환승

• 택시 taxi

공항과 도심 사이를 이동할 때는 택시가 편리하지만, 짐에 따라 추가 요금이 부과될 수 있으니 미리 확인해야 합니다. 택시 지붕에 숫자 2 또는 초록색 불이 켜져 있다면 야간 할증 요금이 적용 중임을 의미합니다.

✅ **꿀팁용어**

libre 빈 • parar 멈추다 • taxímetro 미터기

DAY 2

🎧 01-02

오늘의 표현

Toco madera.

그렇게 되지 않기를 바라.

원시 시대에 유행했던 믿음 중 하나로, 나무를 만지거나 두드리면 액운을 쫓아낼 수 있다는 미신에서 유래한 표현입니다. 액운이나 불운을 쫓아내기를 바라는 마음을 담고 있습니다.

직역 나는 나무를 만져.

단어 tocar 만지다, 두드리다 · madera 나무

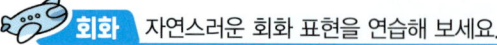

회화 자연스러운 회화 표현을 연습해 보세요.

A: **Si llueve, no podemos ir de camping.**
비 오면 우린 캠핑 못 가.

B: **No me lo digas. ¡Toco madera!**
나한테 그런 말 하지 마. 제발 그런 일 없기를!

Estoy en el ajo.

내가 꿰뚫고 있어.

자신이 어떤 상황이나 문제에 깊이 관여하거나 잘 알고 있다는 것을 강조할 때 사용하는 표현입니다. 마늘의 강렬한 향과 중요성을 비유한 표현으로, 마늘의 특성을 빗대어서 여러 방면에 속속들이 잘 알고 있는 상태나 어떤 일에 깊숙이 엮여 있음을 의미합니다.

직역 내가 마늘 속에 있어.

단어 estar ~에 있다, ~한 상태이다 • en ~에 • ajo 마늘

A: **No sé qué pasó ayer.**
어제 무슨 일이 있었는지 난 모르겠어.

B: **Te lo digo. Estoy en el ajo.**
내가 말해줄게. 내가 다 알고 있어.

DAY 2

오늘의 표현

Tengo enchufe.

연줄이 있어.

자신이 영향력 있는 사람과 인연이 있거나, 그 사람의 도움을 받을 수 있음을 강조할 때 사용하는 표현입니다. 흔히 '빽이 있다'라는 의미로 사용되며, 콘센트에 연결되어 전기가 흐르듯 그들의 도움을 받을 수 있음을 의미합니다.

직역 내가 콘센트를 가지고 있어.

단어 tener 가지고 있다 • enchufe 콘센트, 플러그

회화 자연스러운 회화 표현을 연습해 보세요.

A: ¿No es difícil entrar en esa empresa?
그 회사에 입사하는 거 어렵지 않아?

B: Pues, tengo enchufe ahí.
그게, 내가 그곳에 빽이 있거든.

Ponte las pilas.

정신 바짝 차려.

친구나 동료에게 주의를 기울이거나 집중해야 할 상황에서 격려의 의미로 쓰는 표현입니다. 건전지를 끼우면 기계가 작동하듯, 에너지를 충전하고 정신을 바짝 차리라는 뜻을 담고 있습니다.

직역 건전지를 장착해.

단어 ponerse 넣다 · pila 건전지

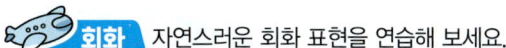

A: **Ponte las pilas. Tenemos que concentrarnos.**
정신 바짝 차려. 우리 집중해야 돼.

B: **Vale. Me animaré.**
알겠어. 힘낼게.

오늘의 표현

Sabe al dedillo.

걔는 샅샅이 알고 있어.

특정 정보를 매우 잘 알고 있거나 세부적인 부분까지 확실히 알고 있는 상황일 때 사용하는 표현입니다. dedillo는 손가락을 의미하는 dedo의 축소사로 일부러 작게 표현하여 귀여운 느낌을 주는 애칭과 같은 단어입니다. 손가락 하나하나를 정확히 알고 있다는 것처럼, 어떤 사람이나 사실을 아주 자세히 알고 있다는 의미를 나타냅니다.

직역 손가락을 알고 있어.

단어 saber 알다 · dedillo (아주 작은) 손가락

회화 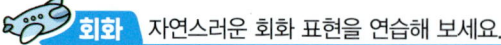 자연스러운 회화 표현을 연습해 보세요.

A: ¿Quién sabe qué pasó a José?
호세한테 무슨 일 있었는지 아는 사람 있어?

B: Pregúntaselo a Carlos. Sabe al dedillo.
까를로스에게 물어봐. 걔가 빠삭하게 알고 있어.

글을 읽고 해석하거나 작문해 보세요.

- 그렇게 되지 않기를 바라.

  Toco madera.

- 연줄이 있어.

  Tengo enchufe.

- 정신 바짝 차려.

  Ponte las pilas.

- **Sabe al dedillo.**

  걔는 샅샅이 훑고 있어.

- **Estoy en el ajo.**

  내가 빼돌고 있어.

레스토랑 예절

• 예약 시

인기 있는 레스토랑은 미리 예약하는 것이 좋습니다. 요즘은 대부분 인터넷 예약이 가능해 쉽게 예약할 수 있습니다.

✅ 꿀팁용어

nombre 이름 • **mesa** 테이블 • **hora** 시간 • **fecha** 날짜

• 드레스 코드

레스토랑에 따라 드레스 코드가 정해진 경우도 있습니다. 격식을 갖춘 곳이라면 남성은 재킷과 넥타이를, 여성은 단정한 원피스를 입는 것이 적절합니다. 드레스 코드가 없더라도 분위기에 어울리는 깔끔한 복장을 추천합니다.

✅ 꿀팁용어

código de vestimenta 드레스 코드 • **corbata** 넥타이 • **vestido** 원피스

• 에티켓

레스토랑에 도착하면 입구에서 웨이터가 자리를 안내할 때까지 기다리는 것이 예의입니다. 스페인 레스토랑은 전반적으로 서비스 속도가 한국보다 느린 편이므로 여유를 갖는 것이 좋습니다. 주문은 보통 자리를 안내한 웨이터에게 합니다.

✅ 꿀팁용어

camarero/a 웨이터 • **pedir** 주문하다 • **menú** 메뉴

• 식사 중 유의할 점

식사 중에는 소리를 내지 않는 것이 매너입니다. 웨이터에게 요청할 일이 있으면 손을 들거나 눈을 마주친 후 조용히 요청하는 것이 좋습니다. 팁은 의무는 아니지만, 서비스에 만족했다면 식사비의 약 5% 정도를 남기는 것이 일반적입니다.

✅ 꿀팁용어

cuenta 계산서 • **propina** 팁

DAY 3

🎧 01-03

오늘의 표현

Durmió la mona.

걔 술에 취해 잤어.

술에 취해 정신을 잃고 잠이 든 상황을 나타낼 때 사용하는 표현입니다. 16세기 서커스에서 원숭이들에게 술을 주면 흥분한 상태로 공연을 하고 공연 후에도 술에 취해 잠이 든 모습에서 유래했습니다. '원숭이가 잤다'라는 것은 곧 술에 취해 잤다는 것을 의미합니다.

직역 원숭이가 잤어.

단어 dormir 자다 · mona 원숭이

회화 자연스러운 회화 표현을 연습해 보세요.

A: ¿Por qué no vino Ana ayer?
　어제 아나는 왜 안 왔어?

B: Ayer fue su cumpleaños y durmió la mona.
　어제가 걔 생일이어서 술 취해서 잤대.

Es agua pasada.

이미 지난 일이야.

이미 지나간 일이나 과거의 상황은 다시 돌이킬 수 없음을 나타낼 때 사용하는 표현입니다. 한 번 흘러간 물은 다시 원래 자리로 돌아오지 않듯, 지나간 일에 대해 계속 후회하거나 집착하는 것은 의미가 없음을 나타냅니다.

직역 지나간 물이야.

단어 ser ~이다 · agua 물 · pasado/a 지나간

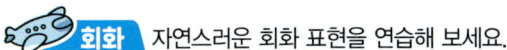
자연스러운 회화 표현을 연습해 보세요.

A: ¿Qué tal el examen? ¿Fácil o difícil?
시험 어땠어? 쉬웠어 아니면 어려웠어?

B: No sé. Fue muy difícil pero es agua pasada.
잘 모르겠어. 아주 어려웠지만, 이미 지난 일이야.

오늘의 표현

No tires la toalla.

포기하지 마.

어려운 상황에서 포기하지 말고 계속 도전하라는 격려의 표현입니다. 복싱이나 권투 경기에서 경기가 진행 중일 때 링 위에 수건을 던져 패배를 인정하는 행동에서 유래했으며, No를 붙여 포기하지 말고 계속 나아가라는 의미를 나타냅니다.

직역 수건을 던지지 마.
단어 tirar 던지다 · toalla 수건

회화
자연스러운 회화 표현을 연습해 보세요.

A: **No puedo hacer una dieta más.**
난 더 이상 다이어트 못 하겠어.

B: **Ánimo. No tires la toalla.**
힘내. 포기하지 마.

No tienes abuela.

년 잘난 척이 심해.

자신을 지나치게 과시하거나 자랑하는 사람에게 사용하는 표현입니다. '할머니가 계셨다면 굳이 자랑하지 않아도 알아주셨을 텐데, 이제는 스스로 자랑하네'라는 의미의 비유적 표현입니다. 보통 할머니는 손자 손녀를 자랑스럽게 여기는데, 그런 존재가 없다 보니 자신이 나서서 자랑하는 상황을 풍자적으로 말할 때 사용합니다.

직역 너는 할머니가 안 계셔.
단어 tener 가지고 있다 • abuela 할머니

 자연스러운 회화 표현을 연습해 보세요.

A: **Soy más guapo que Luis, ¿no?**
내가 루이스보다 더 잘생겼지, 그렇지?

B: **Hombre... no tienes abuela.**
야... 너 진짜 잘난 척 심하다.

Ponte en su lugar.

입장 바꿔 생각해 봐.

상대방의 입장을 고려하지 않고 자기 생각만 하는 이기적인 사람에게 충고할 때 사용하는 표현입니다. 자신의 관점만 고집하지 말고 다른 사람의 입장을 생각하라는 교훈을 담고 있습니다.

직역 네가 그의 위치에 앉아봐.

단어 ponerse ~에 앉다 · en ~에 · su (3인칭인 누군가)의 · lugar 위치, 장소

자연스러운 회화 표현을 연습해 보세요.

A: ¡Qué raro es José! No puedo entenderlo.
호세는 정말 이상해! 이해할 수가 없어.

B: ¡Venga! No es para tanto. Ponte en su lugar.
그러지 마! 그 정도는 아니야. 입장 바꿔 생각해 봐.

글을 읽고 해석하거나 작문해 보세요.

- 포기하지 마.

  No tires la toalla.

- 넌 잘난 척이 심해.

  No tienes abuela.

- 입장 바꿔 생각해 봐.

  Ponte en su lugar.

- **Durmió la mona.**

  걔 술에 취해 잤어.

- **Es agua pasada.**

  이미 지난 일이야.

음식 추천

• 파에야 paella

스페인을 대표하는 전통 볶음밥 요리입니다. 사프란이라는 향신료가 들어가 황금빛을 띠며, 보통 2인분부터 주문이 가능한 경우가 많습니다.

✅ 꿀팁 용어

paella valenciana 발렌시아식 파에야(정통 파에야)
paella negra 오징어 먹물 파에야

• 추로스 churros

추로스는 다양한 종류가 있으며, 기본적으로 설탕을 뿌려주지 않아 원한다면 설탕을 따로 요청해야 합니다. 따뜻한 초코라테에 찍어 먹는 것이 일반적입니다.

✅ 꿀팁 용어

azúcar 설탕 · **chocolate** 초코라테

• 감바스 알 아히요 gambas al ajillo

새우와 마늘을 올리브유에 끓여 만든 요리로, 바삭한 빵과 함께 곁들여 먹는 경우가 많습니다. 스페인 남부 안달루시아 지역에서는 매콤하게 조리하는 편입니다.

✓ 꿀팁 용어

gambas 새우 • **ajillo** 마늘 소스

• 가스파초 gazpacho

차갑게 먹는 토마토 수프로, 더운 여름철 스페인 사람들이 즐겨 먹는 대표적인 보양식입니다. 신선한 토마토와 채소로 만들어져 더운 날씨에 상큼하고 가벼운 한 끼로 좋습니다.

✓ 꿀팁 용어

sopa 수프 • **tomate** 토마토

DAY 4

 01-04

오늘의 표현

Cortas el bacalao.
네가 실세네.

어떤 집단에서 권한이나 영향력이 큰 사람에게, '중요한 결정을 내리는 사람'이라는 의미로 쓰는 표현입니다. 스페인에서는 대구를 자주 먹는데, 예전에는 가족의 가장인 아버지가 대구를 자르는 역할을 맡았기 때문에 '대구를 자르는 사람'은 곧 주도권을 가진 사람임을 의미하게 되었습니다.

직역 네가 대구(생선)를 자르네.
단어 cortar 자르다 · bacalao 대구(생선)

회화 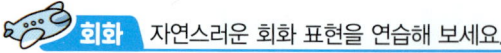 자연스러운 회화 표현을 연습해 보세요.

A: Mi esposo no decide nada y siempre yo lo hago.
내 남편은 아무것도 결정하지 않고 항상 내가 해.

B: Entonces cortas el bacalao.
그럼 네가 실세네.

Tiene mucha cara.

걔는 염치가 없어.

한국어의 '낯이 두껍다'와 유사한 표현으로, 부끄러움을 모르고 뻔뻔하게 행동하는 사람을 가리킬 때 사용합니다. cara는 '얼굴'이란 뜻이지만, '체면'이나 '예의'라는 비유적 의미도 담고 있습니다. '많은 얼굴을 가지고 있다'라는 것은 체면을 전혀 신경 쓰지 않고 부끄러워하지 않음을 의미합니다.

직역 많은 얼굴을 가지고 있네.

단어 tener 가지고 있다 · mucha 많은 · cara 얼굴

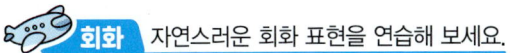

A: **Elena no me pidió perdón por llegar tarde.**
엘레나는 늦게 온 것에 대해 나한테 사과도 안 했어.

B: **¿En serio? Tiene mucha cara.**
정말? 뻔뻔하네.

DAY 4

Me quedé frito/a.

깜빡 졸았어.

피곤하거나 지쳐서 잠시 잠든 상황을 표현할 때 쓰입니다. 무언가를 튀기면 뜨거운 기름에 닿아 순식간에 굳게 되는 모습의 비유적 표현으로, '튀겨진 상태'라는 것은 순식간에 잠든 상태를 의미합니다.

직역 나는 튀겨진 상태야.

단어 quedarse ~한 상태로 있다 · frito/a 튀긴

회화 자연스러운 회화 표현을 연습해 보세요.

A: ¿Viste el partido de fútbol anoche?
어젯밤 축구 경기 봤어?

B: No, porque me quedé frito.
아니, 깜빡 졸았거든.

오늘의 표현

Le falta un tornillo.

걔는 제정신이 아니야.

한국어의 '나사가 풀렸다, 나사가 빠졌다'와 유사한 표현으로, 어딘가 이상하거나 이상한 행동을 하는 사람을 말할 때 사용하는 표현입니다. 제정신이 아니라는 의미로 이해할 수 있습니다.

직역 걔한테 나사가 하나 부족해.
단어 le (3인칭 단수인) ~에게 • faltar 부족하다, 모자라다 • tornillo 나사

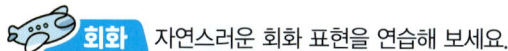

자연스러운 회화 표현을 연습해 보세요.

A: José ha llegado tarde en la reunión importante.
호세가 중요한 회의에 늦게 왔어.

B: ¿Otra vez? ¡Vaya! Le falta un tornillo.
또? 저런! 걔는 제정신이 아니야.

DAY 4

Me puse las botas.

배 터지게 먹었어.

과식했거나 마음껏 즐긴 상황을 표현할 때 사용합니다. 과거에는 부츠가 부유층의 상징이었기 때문에, '부츠를 신었다'라는 것은 부자로서 원하는 것을 마음껏 누리는 모습에서 유래하여 배부르게 먹었다는 의미로 사용됩니다.

직역 나는 부츠를 신었어.

단어 ponerse 입다, 신다 · bota 부츠, 장화

회화 자연스러운 회화 표현을 연습해 보세요.

A: Me gustó ese restaurante.
   Me puse las botas.
   그 레스토랑 마음에 들더라. 배 터지게 먹었어.

B: Algún día vamos otra vez.
   언젠가 또 가자.

외워봅시다!
글을 읽고 해석하거나 작문해 보세요.

- 네가 실세네.

  Cortas el bacalao.

- 걔는 염치가 없어.

  Tiene mucha cara.

- 깜빡 졸았어.

  Me quedé frito/a.

- Le falta un tornillo.

  걔는 제정신이 아니야.

- Me puse las botas.

  배 터지게 먹었어.

음료 추천

• 상그리아 sangría

포도주에 탄산수, 레몬즙, 신선한 과일 등을 넣어 차갑게 마시는 과일주와 비슷한 음료입니다. 보통 큰 술잔에 담아 여러 사람이 함께 나눠 마시는 경우가 많습니다.

✅ 꿀팁 용어

vino tinto 레드와인 • jarra 큰 술잔

• 오르차타 horchata

타이거넛츠(chufa)로 불리는 덩이줄기를 설탕과 물을 넣고 갈아서 차갑게 만든 음료입니다. 쌉싸름하면서도 단맛이 느껴져서 더운 여름 갈증 해소에 도움을 줍니다.

• 시드라 sidra

사과 과즙을 발효시켜 만든 술로 특히 스페인 북부 바스크 지방에서 유명합니다. 사과향이 느껴지면서 청량감이 가득한 음료입니다.

✅ **꿀팁용어**

escanciado/a 시드라를 제공하는 전문 웨이터

• 다양한 스페인 커피 café

스페인 사람들은 따뜻한 에스프레소를 즐겨 마십니다. 로컬 카페에서는 아이스커피가 흔하지 않으므로, 원한다면 따뜻한 커피와 얼음을 따로 요청해야 합니다.

✅ **꿀팁용어**

café solo 에스프레소 • **café con leche** 밀크커피
café cortado 우유를 조금 넣은 커피 • **descafeinado** 디카페인 커피

DAY 5

 01-05

오늘의 표현

Me dejó plantado/a.

걔가 나 바람맞혔어.

약속 장소에 상대방이 나타나지 않았을 때 사용합니다. 'plantado/a'는 '(식물 등을) 심다, 세워놓다'라는 뜻의 동사에서 유래한 단어로, 약속을 하고 나갔으나 상대방이 나타나지 않아 계속 서 있는 상황의 비유적 표현입니다.

직역 나를 세워 놨어.

단어 me 나를 · dejar 놔두다, 내버려두다 · plantado/a 서 있는, 심어진

회화 자연스러운 회화 표현을 연습해 보세요.

A: ¿Has quedado con Juan?
후안하고 만났어?

B: No. Me dejó plantada.
아니. 걔가 나 바람맞혔어.

오늘의 표현

Estoy hecho/a polvo.

나 너무 피곤해.

너무 지치거나 피곤한 상태를 나타내는 표현입니다. 한국어의 '녹초가 되다, 파김치가 되다'와 유사한 표현으로, 너무 피곤하고 지쳐 가루가 되었다는 의미를 나타냅니다.

직역 나는 가루가 되었어.

단어 estar ~인 상태이다 • hecho/a 만들어진 • polvo 가루, 먼지

 회화 자연스러운 회화 표현을 연습해 보세요.

A: **Estoy hecho polvo.**
나 너무 피곤해.

B: **Debes descansar.**
너 좀 쉬어야 해.

DAY 5

오늘의 표현

Él es un pez gordo.

걔 잘나가는 사람이야.

사회적 지위나 영향력, 부유함을 가진 사람을 가리킬 때 쓰는 표현입니다. gordo는 '뚱뚱한'의 뜻을 가진 형용사지만, '큰, 중요한'이라는 의미로도 사용됩니다. 큰 물고기는 먹이사슬에서 상위에 위치한 강한 존재로 여겨지기 때문에 중요한 사람 또는 큰 인물의 비유적 표현으로 사용합니다.

직역 그는 뚱뚱한 물고기야.

단어 él 그 · ser ~이다 · pez 물고기 · gordo/a 뚱뚱한

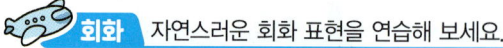
회화 자연스러운 회화 표현을 연습해 보세요.

A: ¿Sabes que Luis compó un coche lujoso?
너 루이스가 엄청 비싼 차 산거 알아?

B: Él es un pez gordo.
걔 잘나가잖아.

오늘의 표현

No se salte la cola.

새치기하지 마세요.

공공장소에서 줄 서 있을 때 누군가 새치기를 하려는 상황에서 사용하는 표현입니다. '줄을 건너뛰지 마'라는 것은 새치기하지 말라는 경고의 표현입니다.

직역 줄을 뛰어넘지 마세요.
단어 saltarse 건너뛰다 • cola 줄, 꼬리

 **회화** 자연스러운 회화 표현을 연습해 보세요.

A: No se salte la cola.
새치기하지 마세요.

B: Ah, lo siento.
아, 죄송합니다.

DAY 5

오늘의 표현

Estoy como un flan.

나 너무 떨려.

긴장해서 떨고 있는 상태를 표현하는 말입니다. Flan은 스페인에서 즐겨 먹는 커스터드푸딩처럼 흐물거리는 디저트로, 쉽게 흔들리고 깨질 듯한 모습에 빗대어 긴장되거나 불안한 상황에서 떨고 있는 상태를 의미합니다.

직역 나는 푸딩 같아.

단어 estar ~인 상태이다 · como ~같은 · flan 푸딩, 플란

회화 자연스러운 회화 표현을 연습해 보세요.

A: Mañana es el examen. Estoy como un flan.
내일이 시험이야. 나 너무 떨려.

B: ¡Buena suerte!
행운을 빌어!

외워봅시다!

글을 읽고 해석하거나 작문해 보세요.

- 걔가 나 바람맞혔어.

  Me dejó plantado/a.

- 걔 잘나가는 사람이야.

  Él es un pez gordo.

- 나 너무 떨려.

  Estoy como un flan.

- Estoy hecho/a polvo.

  나 너무 피곤해.

- No se salte la cola.

  새치기하지 마세요.

타파스

* tapas : 메인 식사 전, 간단한 애피타이져처럼 먹거나 술과 곁들여 먹는 소량의 음식

• 챰삐뇨네스 알 아히요 champiñones al ajillo

버섯 철판구이 요리로, 올리브유에 양송이버섯을 볶아 마늘 소스를 올리고 초리소와 파슬리를 얹어 구운 타파스입니다.

✅ 꿀팁용어

champiñón 양송이 • chorizo 초리소

• 아쎄이뚜나 aceitunas

소금에 절여 만든 타파스로, 짭조름한 맛이 술안주로 즐기기에 좋습니다. 씨가 있는 올리브와 없는 올리브가 있습니다. 스페인은 세계 최대 올리브 생산국입니다.

✅ 꿀팁용어

aceituna 올리브 • sin hueso 씨 없는 • con hueso 씨 있는

• 빤 꼰 또마떼 pan con tomate

아침 식사나 간식으로 즐겨 먹는 중독성 강한 타파스입니다. 바삭하게 구운 빵에 올리브유를 바르고, 토마토를 갈아 올린 뒤 소금을 살짝 뿌립니다.

✅ **꿀팁용어**

pan 빵 · tomate 토마토 · aceite de oliva 올리브유

• 또르띠야 데 빠따따 tortilla de patata

'또르띠야 에스빠뇰라(tortilla española)'로도 알려진 타파스로, 감자와 달걀을 사용해 만든 스페인식 오믈렛입니다. 빵 사이에 끼워 샌드위치처럼 먹을 수도 있습니다.

✅ **꿀팁용어**

tortilla 오믈렛 · patata 감자 · huevo 달걀

DAY 6

 01-06

 오늘의 표현

Lo barato sale caro.

싼 게 비지떡.

한국의 '싼 게 비지떡'이라는 속담과 유사한 의미입니다. 저렴한 가격에 구입했지만 품질이 좋지 않아서 쉽게 망가지고, 고치거나 새로 사는 데 오히려 비용이 더 많이 들게 되는 상황을 나타내는 표현입니다.

직역 저렴한 것이 값은 높게 나온다.
단어 barato/a 저렴한 • salir 비용이 들다, 값이 나오다 • caro/a 비싼

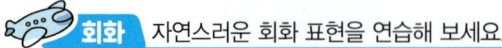

회화 자연스러운 회화 표현을 연습해 보세요.

A: Hace poco que he comprado el móvil pero no funciona.
휴대폰 산 지 얼마 안 됐는데 고장 났어.

B: Lo barato sale caro.
싼 게 비지떡이야.

오늘의 표현

Vas pisando huevos.

너는 너무 천천히 가.

느리게 움직이거나 행동이 너무 신중한 사람에게 농담이나 핀잔을 줄 때 사용합니다. 달걀을 밟으면서 걷는 모습을 상상했을 때 달걀이 깨지지 않도록 아주 조심스럽고 느릿느릿 움직이는 모습에서 유래했습니다.

직역 너는 달걀을 밟으면서 간다.
단어 ir 가다 · pisar 밟다 · huevo 달걀

 **회화** 자연스러운 회화 표현을 연습해 보세요.

A: Vas pisando huevos.
   ¡Tenemos prisa!
   너 너무 천천히 가. 우리 급해!

B: Tranquilo. Ya casi llegamos.
   침착해. 거의 다 왔어.

DAY 6

오늘의 표현

No dores la píldora.

입바른 소리 하지 마.

나쁜 소식을 지나치게 좋게 포장하거나 진실을 돌려 말하지 말라는 의미로 사용합니다. '알약에 도금하지 마'라는 것은 알약의 쓴맛을 감추기 위해 겉을 금처럼 꾸미지 말라는 비유적 표현입니다.

직역 알약에 도금하지 마.
단어 dorar 도금하다 · píldora 알약

 회화 자연스러운 회화 표현을 연습해 보세요.

A: Nuestro jefe es suficientemente bueno.
우리 상사는 그 정도면 괜찮은 사람이야.

B: ¡Qué va! No dores la píldora.
무슨 소리야! 입바른 소리 하지 마.

Estoy de mala leche.

나 기분이 저기압이야.

단순히 기분이 나쁜 정도를 넘어, 매우 짜증 나거나 불쾌한 감정을 표현할 때 사용합니다. '상한 우유'는 기분이 상한 상태의 비유적 표현입니다.

`직역` 나는 상한 우유야.
`단어` estar ~인 상태이다 · de ~의 · malo/a 나쁜 · leche 우유

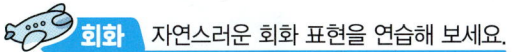 자연스러운 회화 표현을 연습해 보세요.

A: **Estoy de mala leche.** No me digas nada.
나 지금 기분 안 좋아. 말 걸지 마.

B: Vale, pues, nos vemos luego.
알았어, 그럼, 우리 다음에 봐.

DAY 6

Es mi media naranja.

내 애인이야.

완벽한 짝을 의미하며, 애인이나 배우자를 소개할 때 사용합니다. 인간을 오렌지처럼 둥근 모양으로 묘사했던 것에서 유래되었으며, '오렌지 반쪽'은 나의 부족한 반쪽을 채워주는 존재의 비유적 표현입니다.

직역 내 오렌지 반쪽이야.

단어 ser ~이다 · mi 나의 · medio/a 절반, 반쪽 · naranja 오렌지

 자연스러운 회화 표현을 연습해 보세요.

A: **Aquel hombre es muy guapo.**
저 남자 진짜 잘생겼다.

B: **Es mi media naranja.**
내 애인이야.

외워봅시다!
글을 읽고 해석하거나 작문해 보세요.

- 싼 게 비지떡.

  Lo barato sale caro.

- 입바른 소리 하지 마.

  No dores la píldora.

- 나 기분이 저기압이야.

  Estoy de mala leche.

- Vas pisando huevos.

  나는 너무 굼벵이 같아.

- Es mi media naranja.

  내 애인이야.

숙박시설

• **호텔** hotel

한국과 같이 1성급부터 5성급까지 별 등급으로 나뉘며, 각 등급에 따라 서비스와 시설이 다릅니다.

✓ **꿀팁용어**

estrella 별 (5성급은 cinco estrellas)

• **레시덴시아** residencia

레스토랑이 없는 소규모 호텔로, 로비에 있는 바(bar)나 카페에서 간단한 아침 식사나 룸서비스가 제공됩니다. R 표시가 있는 곳이 레시덴시아입니다.

✓ **꿀팁용어**

desayuno 아침 식사 • **servicio de habitaciones** 룸서비스

• 호스텔 hostal

가격이 저렴한 숙소로, 공동 침실에서 여러 명이 투숙하고, 화장실과 주방 등의 시설을 모두 함께 사용합니다.

✅ 꿀팁용어

caja fuerte 금고

• 알베르게 albergue

주로 산티아고 순례자 길 주변에 위치하며, 간단한 잠자리와 식사를 제공하는 저렴한 숙박시설입니다. 순례자 여권을 가진 사람은 누구나 이용할 수 있습니다.

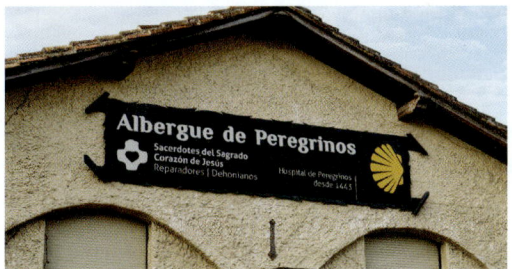

✅ 꿀팁용어

credencial 순례자 여권

DAY 7

오늘의 표현

Hay gato encerrado.

뭔가 수상해.

어떤 상황이 수상하거나 겉으로 드러난 것과 다르게 뒤에 감춰진 속셈이 있음을 의미할 때 사용합니다. gato는 '고양이'를 뜻하지만 과거에는 '돈주머니'를 의미하기도 했습니다. '숨겨둔 돈'은 보이지 않는 속임수나 숨겨진 의도가 있음을 나타내는 비유적 표현입니다.

직역 숨겨둔 돈이 있어.

단어 hay ~이 있다 • gato 돈주머니, 고양이 • encerrado/a 가둔, 간직한, 숨겨둔

회화 자연스러운 회화 표현을 연습해 보세요.

A: **Piensa un poco más. Hay gato encerrado.**
좀 더 생각해 봐. 뭔가 수상해.

B: **Creo que tienes razón.**
네 말이 맞는 것 같아.

오늘의 표현

No das palo al agua.

넌 손 하나 까딱 안 하는구나.

아무것도 하지 않거나 일에 참여하지 않는 사람을 비꼴 때 사용하는 표현입니다. 배를 움직이려면 노를 저어야 하는데, 노를 들고도 움직이지 않으면 일하지 않는 것과 같다는 데서 유래했습니다.

직역 넌 물에 막대기를 주지 않는구나.

단어 dar 주다 • palo 막대기 • a ~에게 • agua 물

 **회화** 자연스러운 회화 표현을 연습해 보세요.

A: **Mi esposo hace todas las tareas domésticas.**
우리 남편이 집안일을 다 해.

B: **No das palo al agua.**
넌 손 하나 까딱 안 하네.

오늘의 표현

No metas la cuchara.

참견하지 마.

상대방이 지나치게 개입하거나 간섭할 때 경고나 주의를 주기 위해 사용합니다. 한국어의 '감 놔라 배 놔라'와 유사한 표현으로, '숟가락을 넣다'라는 것은 참견한다는 의미의 비유적 표현입니다.

직역 숟가락 넣지 마.

단어 meter 집어넣다 · cuchara 숟가락

 자연스러운 회화 표현을 연습해 보세요.

A: **Debes hacerlo así.**
그건 이렇게 해야 해.

B: **No metas la cuchara.**
참견하지 마.

Tienes un buen oído.

너는 음악적 재능이 있구나.

상대방의 음악적 감각이 뛰어나거나 음을 잘 구별하는 능력을 칭찬할 때 사용합니다. '청각이 좋다'라는 것은 귀가 좋다는 것을 비유적으로 나타내어 음악적 재능을 칭찬하는 의미로 이해할 수 있습니다.

직역 너는 좋은 청각을 가지고 있구나.
단어 tener 가지고 있다 · buen 좋은 · oído 청각

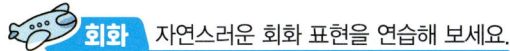

A: **Puedo tocar el piano, la guitarra y el violín.**
나는 피아노랑 기타, 바이올린을 연주할 수 있어.

B: **Tienes un buen oído.**
너는 음악적 재능이 있구나.

DAY 7

오늘의 표현

¡Me dejas de piedra!

너무 놀랍다!

상대방의 말이나 행동이 너무 충격적이거나 예상치 못한 경우에 놀라움을 나타내는 표현입니다. 상대방의 놀라운 이야기에 마치 돌처럼 굳어버린 상태를 의미합니다.

직역 너는 나를 돌처럼 굳게 만들었어!

단어 me 나를 · dejar ~하게 두다 · piedra 돌

회화 자연스러운 회화 표현을 연습해 보세요.

A: ¿Sabes que Ana va a casarse pronto?
  아나가 곧 결혼할 거라는 걸 알고 있니?

B: ¿En serio? ¡Me dejas de piedra!
  정말? 너무 놀랍다!

글을 읽고 해석하거나 작문해 보세요.

- 넌 손 하나 까딱 안 하는구나.

  No das palo al agua.

- 참견하지 마.

  No metas la cuchara.

- 너무 놀랍다!

  ¡Me dejas de piedra!

- Hay gato encerrado.

  뭔가 수상해.

- Tienes un buen oído.

  너는 음악적 재능이 있구나.

쇼핑 꿀팁

• **세일 기간**

스페인의 세일 기간은 1~2월과 7~8월입니다. 세일은 3단계로 나누어지며, 첫 번째 세일은 10~20%, 두 번째 세일은 50~60%, 마지막 세일은 70% 이상의 할인율을 제공합니다.

✅ **꿀팁용어**

    primeras rebajas 첫 번째 세일
    segundas rebajas 두 번째 세일
    últimas rebajas 마지막 세일

• **생필품 구매처**

- 드로게리아(droguería) : 기본적인 생필품 판매
- 에스땅꼬(estanco) : 담배나 우표 등 판매
- 끼오스꼬(quiosco) : 잡지나 신문, 엽서 등의 간단한 물건 판매

✅ **꿀팁용어**

    droguería 약국, 잡화점 • **estanco** 담배 가게 • **quiosco** 가판대

• 상점 영업시간

일요일이나 공휴일에는 대부분의 상점이 문을 닫으며, 오후 2~5시 사이에는 시에스타(낮잠 문화)로 인해 일부 상점이 문을 잠시 닫기도 합니다.

✅ 꿀팁 용어

siesta 시에스타(낮잠 문화) · **día festivo** 공휴일

• 가격 확인

백화점이나 전문 상점이 아닌 곳에서는 터무니없는 가격을 요구할 수 있으므로, 구매 전 반드시 가격표를 확인해야 합니다.

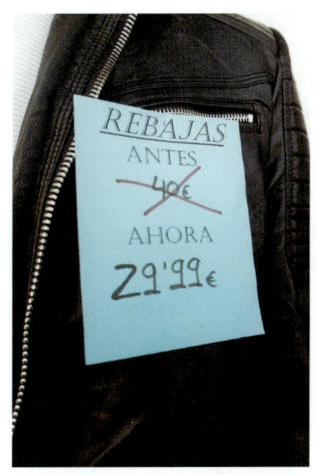

✅ 꿀팁 용어

precio 가격 · **descuento** 할인

# DAY 8

 01-08

오늘의 표현

No seas aguafiestas.
분위기 망치지 마.

분위기를 망치거나 즐거운 상황을 방해하지 말라는 경고나 부탁의 표현입니다. aguafiestas는 agua(물)와 fiesta(파티)의 합성어로, '파티에 물을 끼얹는 일'을 뜻하는 훼방꾼을 의미합니다.

[직역] 훼방꾼이 되지 마.
[단어] ser ~이다 · aguafiestas 훼방꾼

회화 자연스러운 회화 표현을 연습해 보세요.

A: **Ya es muy tarde. ¿Regresamos?**
너무 늦었어. 이제 돌아갈까?

B: **No seas aguafiestas. Jugamos más.**
분위기 망치지 마. 더 놀자.

오늘의 표현

No me pongas verde.

내 뒷담화하지 마.

상대방이 나에 대한 비방이나 나쁜 말 하는 것을 지적 또는 경고할 때 사용하는 표현입니다. '초록색'은 무언가를 세게 두드리면 멍이 들어 초록색으로 변하는 것에서 유래했습니다. 남을 험담하는 것은 그 사람을 때리는 것과 같아서 멍들어 초록색으로 보이는 것을 비유한 표현입니다.

직역 초록색을 놓지 마.
단어 poner 놓다 · verde 초록색

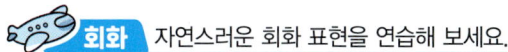 자연스러운 회화 표현을 연습해 보세요.

A: **No me pongas verde.** Ya no soy el mismo de antes.
내 험담하지 마. 나 더 이상 예전의 내가 아니야.

B: **No te enfades. Lo has malentendido.**
화내지 마. 그건 네가 오해한 거야.

DAY 8

오늘의 표현

Él es el último mono.

그는 있으나 마나 한 사람이야.

직장이나 그룹에서 낮은 직급의 사람이나 중요하지 않은 사람을 묘사할 때 사용합니다. 원숭이는 인간과 가장 유사한 동물로 위계질서가 철저합니다. '마지막 원숭이'는 권력이 없고 중요하지 않은 위치에 있는 사람의 비유적 표현입니다.

직역 그는 마지막 원숭이야.

단어 él 그 · ser ~이다 · último/a 마지막의 · mono 원숭이

 회화 자연스러운 회화 표현을 연습해 보세요.

A: **Nadie le hace caso a Miguel.**
아무도 미겔한테 신경을 안 써.

B: **Él es el último mono.**
그는 있으나 마나 한 사람이야.

Él no entiende ni jota.

걔는 정말 무식해.

한국의 '낫 놓고 기역 자도 모른다'는 속담과 유사한 표현으로, 상대방이 아주 기본적인 것도 이해하지 못할 때 쓰입니다. Jota는 알파벳 J를 의미하며, 발음이 어렵고 잘 이해되지 않는 글자이기 때문에 '호따도 이해하지 못한다'라는 것은 무식하다는 의미의 비유적 표현입니다.

직역 걔는 호따(알파벳 j)도 이해를 못 해.

단어 él 그 · entender 이해하다 · ni ~조차도 · jota 알파벳 j

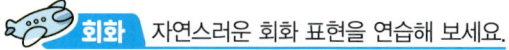

A: **Ya se lo he explicado dos veces pero no lo entiende.**
두 번이나 설명했는데, 걔는 이해를 못 해.

B: **Él no entiende ni jota.**
걔는 정말 무식해.

Está hasta en la sopa.

없는 데가 없어.

어떤 사람이나 물건이 매우 흔하게 존재하거나 자주 보일 때 사용합니다. 수프는 스페인 사람들에게 일상적인 음식이기 때문에, '수프에까지 있다' 라는 것은 어디에나 있을 만큼 흔하다는 비유적 표현입니다.

직역 수프에까지 있어.

단어 estar ~에 있다 · hasta 조차도 · en ~에 · sopa 수프

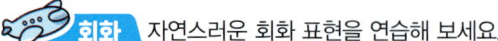

회화 자연스러운 회화 표현을 연습해 보세요.

A: Quería comprar este bolso pero Eva ya lo ha comprado.
이 가방 사고 싶었는데, 에바가 이미 샀더라.

B: Es mejor no comprarlo.
Está hasta la sopa.
안 사는 게 좋을 거야. (그 가방은) 없는 데가 없어.

외워봅시다!
글을 읽고 해석하거나 작문해 보세요.

- 분위기 망치지 마.

  No seas aguafiestas.

- 내 뒷담화하지 마.

  No me pongas verde.

- 걔는 정말 무식해.

  Él no entiende ni jota.

- Él es el último mono.

  그는 있으나 마나 한 사람이야.

- Está hasta en la sopa.

  없는 데가 없어.

날씨

* 지중해성 기후를 가진 스페인은 한국보다 봄과 가을이 긴 편입니다.

• **봄** : 4월~6월

포근한 봄 날씨로 기온이 적당하고 쾌적합니다. 다만, 지역에 따라 기온 차가 있으므로 북부 지역을 여행할 때는 이른 아침과 밤에 입을 겉옷을 준비하는 것이 좋습니다.

✅ **꿀팁 용어**

primavera 봄 • abril 4월 • mayo 5월 • junio 6월

• **여름** : 7월~8월

여행객들이 가장 많이 몰리는 시기입니다. 한국보다 날씨는 뜨겁지만, 습도가 낮아 그늘에서는 시원함을 느낄 수 있습니다.

✅ **꿀팁 용어**

playa 해변 • verano 여름 • julio 7월 • agosto 8월

• 가을 : 9월~11월

한국의 가을 날씨와 비슷해서 선선함을 느낄 수 있습니다. 일교차가 있으므로, 얇은 겉옷이나 가벼운 외투를 준비하는 것이 좋습니다.

◎ 꿀팁 용어

otoño 가을 • septiembre 9월 • octubre 10월

• 겨울 : 1월~2월

비가 오는 날이 종종 있지만 한국보다 춥지 않으며, 여행객이 적어 한적하게 여행하기 좋은 시기입니다.

◎ 꿀팁 용어

invierno 겨울 • enero 1월 • febrero 2월

DAY 9

 01-09

오늘의 표현

No doy pie con bola.

되는 일이 없어.

어떤 일에서 계속 실패하거나 아무것도 제대로 하지 못할 때 사용합니다. 축구에서 발이 공에 닿지 않으면 패스나 골을 넣는 것이 어렵다는 점에서 착안한 표현입니다.

직역 나는 공에 발을 주지 않아.

단어 dar 주다 · pie 발 · con ~와 함께 · bola 공

회화 자연스러운 회화 표현을 연습해 보세요.

A: Te veo muy cansado. ¿Qué te pasa?
많이 피곤해 보여. 무슨 일 있어?

B: Tengo mucho trabajo pero no doy pie con bola.
일이 많긴 한데, 되는 게 하나도 없어.

오늘의 표현

Es una montaña rusa.

걔는 감정 기복이 심해.

기분이 좋았다 나빴다를 반복하는 상태를 말할 때 사용합니다. 'montaña rusa'는 원래 '러시아 산'이라는 뜻이지만, 러시아에서 얼어붙은 언덕을 미끄럼틀처럼 타던 놀이에서 유래해 지금은 '롤러코스터'를 의미합니다.

직역 러시아 산 같아.

단어 ser ~이다 · montaña 산 · ruso/a 러시아의

 **회화** 자연스러운 회화 표현을 연습해 보세요.

A: **Ana es sensible, es una montaña rusa.**
아나는 예민해, 감정이 롤러코스터야.

B: **Es cierto. No sé cómo actuar con ella.**
맞아. 걔한테는 어떻게 대해야 할지 모르겠어.

오늘의 표현

Estoy como una rosa.

난 아주 편안해.

컨디션이 아주 좋거나 몸 상태가 편안하고 건강할 때 사용하는 표현입니다. 활짝 핀 장미의 생기 있고 건강한 모습을 비유한 말입니다.

직역 나는 장미 같아.

단어 estar ~인 상태이다 · como ~같은 · rosa 장미

회화 자연스러운 회화 표현을 연습해 보세요.

A: ¿Cómo te encuentras?
컨디션 어때?

B: Estoy como una rosa.
아주 편안해.

오늘의 표현

Llueve sobre mojado.

엎친 데 덮친 격이네.

좋지 않은 일들이 반복적으로 일어날 때 사용합니다. 이미 젖은 곳에 비가 오면 더 젖게 되어 어려운 상황을 더 어렵게 만든 것과 같습니다. 다시 말해, 엎친 데 덮친 격을 의미합니다.

직역 젖은 곳 위에 비가 오네.
단어 llover 비가 오다 • sobre ~위에 • mojado/a 젖은

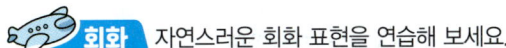
회화 자연스러운 회화 표현을 연습해 보세요.

A: Llego tarde al trabajo pero no se arrancó el coche.
출근도 늦었는데 차에 시동도 안 걸려.

B: Llueve sobre mojado.
엎친 데 덮친 격이네.

오늘의 표현

Está como un guante.

잘 어울려.

옷이 체격에 완벽하게 맞고 잘 어울릴 때 사용합니다. 장갑이 손에 꼭 맞아야만 편리하게 사용할 수 있다는 점에서 유래한 비유적 표현입니다.

직역 장갑과 같아.

단어 estar ~에 있다 · como ~와 같은 · un guante 장갑

회화 자연스러운 회화 표현을 연습해 보세요.

A: ¿Cómo me queda este vestido?
이 원피스 나한테 어때?

B: Está como un guante.
잘 어울려.

글을 읽고 해석하거나 작문해 보세요.

- 난 아주 편안해.

  Estoy como una rosa.

- 엎친 데 덮친 격이네.

  Llueve sobre mojado.

- 잘 어울려.

  Está como un guante.

- **Es una montaña rusa.**

  기복이 심해. / 감정 기복이 심해.

- **No doy pie con bola.**

  되는 일이 없어.

여행 시, 유용한 앱

• 구글 맵 Google Map

대중교통의 실시간 정보, 근처 맛집, 상점의 영업시간 등 세부적인 내용을 한 번에 확인할 수 있으며, 음식점이나 관광지에 대한 리뷰도 참고할 수 있습니다.

✅ 꿀팁 용어

mapa 지도 • horario 영업시간

• 트레블 월렛 Travel Wallet

스페인 여행에서 현금을 사용할 때 유용한 앱으로, 체크카드처럼 수수료 없이 결제할 수 있습니다. 소매치기 위험을 고려해 실물 카드도 함께 소지하는 것이 좋습니다.

✅ 꿀팁 용어

tarjeta 카드 • comisión 수수료

• 알사 Alsa

스페인 버스 앱으로, 미리 예매 또는 확인이 가능합니다. 주요 노선을 운영하는 버스 회사인 만큼 도시 간 이동과 이웃 나라인 포르투갈로도 이동이 가능합니다.

✅ 꿀팁 용어

reservación 예약 · billete 티켓

• 렌페 Renfe

스페인 기차 앱으로, 기차 예매와 확인이 가능합니다. 예매한 표는 앱 내 QR코드를 통해 바로 탑승할 수 있어 편리합니다.

✅ 꿀팁 용어

código QR QR 코드

DAY 10

🎧 01-10

오늘의 표현

Matamos el gusanillo.

출출함을 달래보자.

배고픔을 완전히 해소하기보다는 간단히 음식을 먹어서 배고픔을 달래는 상황에 사용합니다. '애벌레를 죽인다'라는 것은 배고플 때 나는 꼬르륵 소리나 불편한 느낌을 애벌레가 움직이는 모습에 비유한 표현입니다.

직역 애벌레를 죽여보자.

단어 matar 죽이다 · gusanillo 애벌레

회화 자연스러운 회화 표현을 연습해 보세요.

A: **Tengo mucha hambre.**
너무 배고파.

B: **Vamos a una cafetería y matamos el gusanillo.**
우리 카페테리아에 가서 뭐 좀 간단히 먹자.

No pegan ni con cola.

걔네는 전혀 어울리지 않아.

서로 전혀 어울리지 않거나 조화가 맞지 않는 상황에서 사용합니다. 강력한 접착제로도 붙여지지 않는 사이라는 비유적 표현으로, 사람 사이뿐만 아니라 물건이나 음식의 조합이 잘 맞지 않을 때도 쓸 수 있습니다.

직역 접착제로도 붙여지지 않아.

단어 pegar 붙이다 · ni ~조차도 · con ~로, ~와 함께 · cola 접착제

 자연스러운 회화 표현을 연습해 보세요.

A: ¿Sabes que Ana sale con Luis?
아나가 루이스랑 사귀는 거 너 알고 있니?

B: ¿En serio? No pegan ni con cola.
정말? 걔네는 전혀 안 어울리는데.

오늘의 표현

Tienes mano izquierda.

네가 해결책을 가지고 있어.

어려운 상황이나 문제가 있을 때, '너만이 이 문제를 잘 해결할 수 있다'는 의미로 쓰는 표현입니다. 왼손은 오른손보다 덜 사용되지만 두 손을 함께 쓰면 일을 더 효과적으로 처리할 수 있습니다. '왼손을 가지고 있다'라는 것은 문제를 해결하거나 상황을 능숙하게 처리할 수 있는 능력을 지녔다는 비유적 표현입니다.

직역 너는 왼손을 가지고 있어.
단어 tener 가지고 있다 · mano 손 · izquierdo/a 왼쪽의

회화 자연스러운 회화 표현을 연습해 보세요.

A: María y Elena todavía no se han reconciliado.
마리아랑 엘레나가 아직도 화해를 안 했어.

B: Depende de ti. Tienes mano izquierda.
너한테 달려있어. 네가 해결책을 가지고 있잖아.

Todo va sobre ruedas.

모든 게 순조롭게 진행되고 있어.

일이 잘 풀리고, 특별한 문제 없이 순탄하게 진행될 때 사용합니다. 물건을 이동할 때 바퀴를 사용하면 더 쉽고 빠르게 이동할 수 있는 것처럼, 모든 일이 순조롭게 진행되는 것을 의미합니다.

직역 모든 게 바퀴 위에서 가고 있어.

단어 todo 모든 것 · ir 가다 · sobre ~위에 · rueda 바퀴

 자연스러운 회화 표현을 연습해 보세요.

A: ¿Qué tal tu nuevo trabajo?
새 일은 어때?

B: Muy bien. Todo va sobre ruedas.
아주 좋아. 모든 게 순조롭게 진행되고 있어.

오늘의 표현

No entres en el juego.

엮이지 마.

상대방에게 그 일에 개입하지 말고 엮이지도 말라고 충고할 때 사용합니다. 경기에 들어간다는 것은 주도적으로 무언가를 한다는 의미이며, 경기에 들어가지 않는다는 것은 어떤 일에 엮이지 않는다는 의미로 이해할 수 있습니다.

직역 경기에 들어가지 마.

단어 entrar 들어가다 · en ~에 · juego 경기, 게임

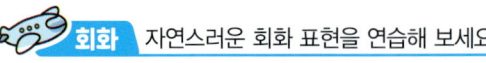

A: **Quiero decir la verdad a José.**
호세한테 진실을 말해주고 싶은데.

B: **No, no entres en el juego.**
아니야, 엮이지 마.

글을 읽고 해석하거나 작문해 보세요.

- 출출함을 달래보자.

  Matamos el gusanillo.

- 네가 해결책을 가지고 있어.

  Tienes mano izquierda.

- 모든 게 순조롭게 진행되고 있어.

  Todo va sobre ruedas.

- **No entres en el juego.**

  어울리지 마.

- **No pegan ni con cola.**

  걔네는 전혀 어울리지 않아.

기념품

• 뚜론 turrón

스페인의 전통 과자 중 하나로, 땅콩이나 아몬드 등 견과류에 꿀을 넣어 굳힌 과자입니다. 주로 크리스마스 시즌에 즐겨 먹으며, '스페인 누가'로도 알려져 있습니다.

✅ 꿀팁 용어

almendra 아몬드 · **chocolate** 초콜릿 · **cacahuete** 땅콩 · **crujiente** 크런치

• 올리브오일 aceite de oliva

스페인은 세계 최대의 올리브 생산지로, 스페인 사람들은 끼니마다 올리브유를 식탁에 올립니다. 마늘이나 레몬 등을 첨가해 다양한 맛을 즐길 수 있습니다.

✅ 꿀팁 용어

intenso 짙은 · **suave** 부드러운 · **virgen extra** 엑스트라 버진 · **trufa** 트러플

• 와인 vino

스페인은 세계 최대 포도 재배 면적을 자랑하며, 와인 생산량은 세계 3위입니다. 일반 마트에서도 고품질의 와인을 한국보다 저렴한 가격으로 쉽게 구할 수 있습니다.

✅ **꿀팁용어**

vino tinto 레드 와인 • vino blanco 화이트 와인 • vino rosado 로제 와인

• 가죽 공예품 productos de cuero

스페인은 전통적으로 가죽 공예품으로 유명하며, 저렴한 가격에 고품질의 다양한 제품을 골목 곳곳의 작은 상점에서도 만날 수 있습니다. 독특한 질감과 세련된 디자인이 특징입니다.

✅ **꿀팁용어**

taller de cuero 가죽 공방 • bolso 가방 • cartera 지갑 • cinturón 벨트

오늘의 표현

No dé gato por liebre.

바가지 씌우지 마세요.

누군가 저렴한 물건을 고급품처럼 속이거나, 가짜를 진짜처럼 팔 때 경고의 의미로 쓰는 표현입니다. 고양이를 산토끼로 속여서 주는 행위는 사기나 바가지를 씌우는 것과 같기 때문에, '산토끼 대신 고양이를 주다'라는 것은 속임수를 쓰거나 사기를 친다는 비유적 표현입니다.

직역 산토끼 대신 고양이를 주지 마세요.

단어 dar 주다 · gato 고양이 · por 대신에 · liebre 산토끼

 자연스러운 회화 표현을 연습해 보세요.

A: **Es el precio más bajo.**
가장 저렴한 가격이에요.

B: **No dé gato por liebre.**
바가지 씌우지 마세요.

오늘의 표현

Hoy no tengo cabeza.

오늘 정신이 없어.

하루 종일 바쁘게 일하며 움직이는 상황에서 정신없는 상태를 말할 때 사용합니다. '머리'는 어떤 일에 집중할 수 있는 정신 상태를 나타내는 비유적 표현입니다.

직역 오늘 나는 머리를 가지고 있지 않아.
단어 hoy 오늘 · tener 가지고 있다 · cabeza 머리

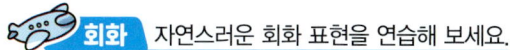
회화 자연스러운 회화 표현을 연습해 보세요.

A: Estoy muy ocupado. Hoy no tengo cabeza.
나 너무 바빠. 오늘 정신이 없어.

B: Debes descansar un poco. Lo más importante es la salud.
너는 조금 쉬는 게 좋겠어. 제일 중요한 게 건강이야.

DAY 11

 오늘의 표현

Estás como una cabra.

너 미쳤구나.

누군가가 상식적으로 이해되지 않는 행동을 할 때 사용합니다. 들판이나 산을 뛰어다니는 염소의 모습을 과장되게 묘사하여, 미친 듯이 날뛰는 사람을 의미하는 비유적 표현입니다.

직역 너는 한 마리의 염소 같구나.

단어 estar ~인 상태이다 · como ~와 같은 · cabra 염소

 회화 자연스러운 회화 표현을 연습해 보세요.

A: **Me pongo esta minifalda.**
이 미니스커트를 입어야겠다.

B: **Estás como una cabra.**
   Hace diez grados bajo cero.
너 미쳤구나. 지금 영하 10도야.

오늘의 표현

Eres mi mano derecha.

넌 내 오른팔이야.

어떤 일을 함께하는 사람 중, 내가 신뢰하는 사람을 가리킬 때 사용하는 표현입니다. 오른쪽은 일반적으로 긍정적인 이미지를 갖고 있기 때문에, 중요한 사람이나 믿을 수 있는 동료를 지칭하는 표현으로 사용됩니다.

직역 넌 내 오른손이야.

단어 ser ~이다 • mi 나의 • mano 손 • derecho/a 오른쪽의

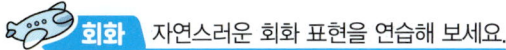
회화 자연스러운 회화 표현을 연습해 보세요.

A: Siempre me ayudas mucho. Eres mi mano derecha.
넌 항상 나를 많이 도와주잖아. 넌 내 오른팔이야.

B: Para eso son los amigos.
친구 좋다는 게 뭐야.

DAY 11

Somos almas gemelas.

우리는 소울메이트야.

단짝 친구나 천생연분인 사랑하는 사람에게 '영혼의 짝'이라는 의미로 사용하는 표현입니다. '우리는 쌍둥이다'라는 것은 서로 운명적인 관계라는 비유적 표현입니다.

직역 우리는 쌍둥이들이야.

단어 ser ~이다 · alma 영혼, 사람 · gemelo/a 쌍둥이의

회화 자연스러운 회화 표현을 연습해 보세요.

A: **Tenemos muchas cosas en común.**
우린 공통점이 참 많아.

B: **Así que somos almas gemelas.**
그래서 우리가 소울메이트라는 거야.

글을 읽고 해석하거나 작문해 보세요.

- 바가지 씌우지 마세요.

  No dé gato por liebre.

- 오늘 정신이 없어.

  Hoy no tengo cabeza.

- 너 미쳤구나.

  Estás como una cabra.

- **Eres mi mano derecha.**

  넌 내 오른팔이야.

- **Somos almas gemelas.**

  우리는 소울메이트야.

여행 시, 유의 사항

• 밤거리

스페인 사람들은 밤늦게까지 활동하는 편으로, 밤거리도 비교적 안전하게 다닐 수 있습니다. 그러나 마드리드나 바르셀로나 같은 대도시에서는 소매치기가 빈번하므로 주의가 필요합니다.

✓ 꿀팁용어

nocturno/a 야간의 · carterista 소매치기 · robar 훔치다

• 축제 기간

축제 기간에는 많은 인파가 몰려 안전사고가 발생할 수 있으므로, 인구 밀도가 높은 곳에서는 더 많은 주의가 필요합니다.

✓ 꿀팁용어

festival 페스티벌 · fiesta 파티, 축제

• 소도시

코르도바, 론다, 세고비아, 네르하 등의 소도시는 대도시에 비해 치안이 더 안전하므로 늦은 밤만 아니라면 혼자 여행하는 데 큰 문제가 없습니다.

✅ **꿀팁 용어**

viajero/a 여행객

• 공항과 역

공항, 역, 터미널 등은 현지인들도 빈번하게 소매치기를 당하는 장소이므로, 귀중품을 잘 챙기고 주변도 항상 살피는 주의가 필요합니다.

✅ **긴급 연락처**

통합 긴급전화 : 112 • 경찰 : 091 • 응급의료 : 061

DAY 12

오늘의 표현

Te pasas tres pueblos.

너는 선을 넘었어.

누군가의 행동이나 말이 지나치거나 과장되었을 때 주의 또는 경고의 표현으로 사용합니다. '세 개의 마을을 지나쳤다'라는 것은 목적지보다 훨씬 더 먼 곳까지 가버린 상황을 의미하므로, 너무 과한 주장 또는 지나친 요구라는 비유적 표현입니다.

직역 너는 세 개 마을을 지나쳤어.
단어 pasarse 지나치다 · tres 숫자 3, 셋 · pueblo 마을

회화 자연스러운 회화 표현을 연습해 보세요.

A: **Voy a denunciar a mi vecino por hacer ruido.**
층간 소음 때문에 이웃집을 고소할 거야.

B: **Ya basta. Te pasas tres pueblos.**
적당히 해. 오버하지 마.

Arrimamos el hombro.

우리 힘을 합치자.

협력이나 공동 작업 시, 여러 사람이 어려운 일을 함께 해내는 모습을 강조할 때 사용합니다. '어깨를 가까이하자'라는 것은 어깨를 맞대거나 가까이 모여 서로 협력하여 힘을 합치자는 비유적 표현입니다.

`직역` 우리 어깨를 가까이하자.
`단어` **arrimar** 가까이하다, 맞대다 · **hombro** 어깨

A: **Este proyecto es muy importante para nosotros.**
이번 프로젝트는 우리에게 매우 중요한 거야.

B: **Tienes razón. Arrimamos el hombro.**
네 말이 맞아. 우리 힘을 합치자.

오늘의 표현

Haz de tripas corazón.

용기를 내.

두려움을 극복하고 용기를 내라는 응원의 메시지입니다. '뱃속의 용기'는 사소한 용기로는 극복하기 어려운 상황을, 뱃속에 있는 용기를 짜내서라도 이겨내라는 비유적 표현입니다.

직역 뱃속의 용기를 가지고 해라.
단어 hacer 하다 · de ~로부터 · tripa 배, 복부 · corazón 마음, 용기

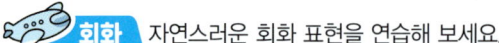 **회화** 자연스러운 회화 표현을 연습해 보세요.

A: **Tengo mucho miedo a conducir.**
나는 운전이 너무 무서워.

B: **Pero no tienes otra opción. Haz de tripas corazón.**
하지만 다른 선택지가 없잖아. 용기를 내.

오늘의 표현

Está en el quinto pino.

엄청 멀리 있어.

어떤 장소나 사람이 너무 먼 곳에 있음을 강조할 때 사용합니다. 18세기 스페인 마드리드 왕궁 근처 길에 다섯 그루의 소나무를 심었는데, 그중 다섯 번째 소나무가 도심에서 가장 멀리 떨어진 소나무였다는 역사적 사실에 기반한 표현입니다.

직역 다섯 번째 소나무에 있어.

단어 estar ~에 있다 • en ~에 • quinto/a 다섯 번째의 • pino 소나무

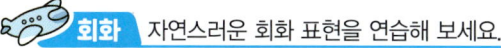
회화 자연스러운 회화 표현을 연습해 보세요.

A: ¿Podemos ir a pie hasta el hotel?
호텔까지 우리 걸어갈 수 있어?

B: No. Está en el quinto pino.
Vamos en taxi.
아니. 엄청 멀리 있어. 택시 타자.

오늘의 표현

No hagas oídos sordos.
못 들은 척하지 마.

상대방이 자신 또는 누군가의 말을 고의로 무시하거나 안 들린 척할 때 사용합니다. 주로 부정적인 상황에서 쓰이지만, 때때로 나쁜 이야기는 듣지 말라는 조언으로도 사용할 수 있습니다.

직역 귀머거리처럼 하지 마.

단어 hacer 하다 · oído 청력, 청각 · sordo/a 잘 들리지 않는, 귀머거리의

회화 자연스러운 회화 표현을 연습해 보세요.

A: **Te lo he dicho muchas veces.
No hagas oídos sordos.**
너한테 그걸 여러 번 말했어. 못 들은 척하지 마.

B: **Vale. Lo siento mucho.**
알겠어. 정말 미안해.

글을 읽고 해석하거나 작문해 보세요.

- 너는 선을 넘었어.

  Te pasas tres pueblos.

- 용기를 내.

  Haz de tripas corazón.

- 못 들은 척하지 마.

  No hagas oídos sordos.

- **Está en el quinto pino.**

  엄청 멀리 있어.

- **Arrimamos el hombro.**

  우리 힘을 합치자.

세계문화유산

• 안토니오 가우디의 작품

스페인의 천재 건축가 안토니오 가우디는 바르셀로나를 중심으로 수많은 건축 작품을 남겼습니다. '사그라다 파밀리아 성당, 구엘 공원, 카사 밀라, 카사 바트요' 등 자연에서 영감을 얻어 색채와 곡선이 돋보이는 독특한 건축물을 만나볼 수 있습니다.

✅ 꿀팁 용어

basílica 성당 · parque 공원 · casa 집

• 톨레도 구시가지

스페인의 옛 수도 '톨레도(Toledo)'는 다양한 종교가 융합된 독특한 건축 양식을 지닌 도시입니다. 스페인 화가 엘 그레코의 작품도 이곳에서 많이 감상할 수 있습니다.

• 세고비아 알카사르 성과 수도교

마드리드 근교에 위치한 작은 도시 세고비아는 도시 전체가 유네스코 세계문화유산으로 지정되어 있습니다. 로마 시대의 대표적인 유적지인 수도교와 디즈니 애니메이션 백설 공주에 영감을 준 알카사르 성이 유명합니다.

✅ 꿀팁 용어

　　alcázar 성, 왕궁 · **acueducto** 수도교, 수로

• 산티아고 데 콤포스텔라 순례길

유럽 여러 나라에서 출발해 스페인 갈리시아주의 산티아고 데 콤포스텔라 성당에 도달하는 유명한 성지 순례길로, 특히 '프랑스의 길'이 가장 유명합니다.

✅ 꿀팁 용어

　　peregrino/a 순례자 · **camino** 순례길

DAY 13

 01-13

오늘의 표현

Tienes memoria de pez.
너는 기억력이 안 좋구나.

기억력이 부족한 사람을 놀리거나 지적할 때 사용합니다. 물고기의 기억력이 나쁘다는 속설에서 유래한 비유적 표현입니다.

직역 너는 물고기의 기억력을 가졌구나.

단어 tener 가지고 있다 · memoria 기억력 · de ~의 · pez 물고기

회화 자연스러운 회화 표현을 연습해 보세요.

A: **Se me olvidó el cumpleaños de Pablo.**
파블로의 생일을 깜빡 잊었어.

B: **Vaya. Tienes memoria de pez.**
이런. 넌 정말 기억력이 문제야.

No hagas correr la voz.

소문 퍼뜨리지 마.

비밀을 지켜야 할 상황에서 소문이 퍼지지 않도록 조심하라는 의미로 사용합니다. '목소리가 흘러가게 하다'라는 것은 누군가의 말이 퍼져 나가는 상황을 묘사한 비유적 표현입니다.

직역 목소리가 흘러가게 하지 마.
단어 hacer 하다 · correr 흘러가다 · voz 목소리

 자연스러운 회화 표현을 연습해 보세요.

A: Dicen que se han despedido.
사람들이 걔네 헤어졌다던데.

B: No hagas correr la voz.
소문 내지 마.

DAY 13

오늘의 표현

Pon los cinco sentidos.

집중해 봐.

어떤 일을 할 때 모든 감각을 동원하여 집중력을 높여야 한다는 의미로 사용합니다. '오감을 움직이다'라는 것은 다섯 가지 감각(시각, 청각, 촉각, 미각, 후각)을 모두 사용해서 최선을 다해 집중하라는 비유적 표현입니다.

직역 오감을 움직여봐.
단어 poner 움직이다 · cinco 숫자 5, 다섯 · sentido 감각

회화 자연스러운 회화 표현을 연습해 보세요.

A: **No entiendo esta tarea.**
난 이 과제를 이해 못 하겠어.

B: **Pon los cinco sentidos. Es muy fácil.**
집중해 봐. 엄청 쉬운 거야.

오늘의 표현

No te quedas tan atrás.

너나 잘해.

자신의 일에 지나치게 간섭하는 사람에게 쓰는 표현입니다. '뒤쪽에 머물러 있지 않다'라는 것은 상대방의 앞날 역시 멀지 않다는 의미로, 내 일에 간섭하지 말고 자신의 일부터 돌아보라는 뜻을 담은 비유적 표현입니다.

직역 너는 그렇게 뒤쪽에 머물러 있지 않아.

단어 quedarse 머무르다 · tan 그렇게 · atrás 뒤쪽에

회화 자연스러운 회화 표현을 연습해 보세요.

A: **Es mejor seguir mi consejo.**
내 조언을 따르는 게 좋을 거야.

B: **No te quedas tan atrás.**
너나 잘해.

오늘의 표현

Es como anillo al dedo.

안성맞춤이네.

조건이나 상황이 딱 맞을 때 사용합니다. '손가락의 반지 같다'라는 것은, 반지가 손가락에 꼭 맞듯이 어떤 상황이나 조건이 완벽하게 들어맞는다는 의미의 비유적 표현입니다. 옷이나 장신구가 몸에 잘 맞을 때도 사용할 수 있습니다.

직역 손가락의 반지와 같네.

단어 ser ~이다 · como ~와 같은 · anillo 반지 · a ~에 · dedo 손가락

회화 자연스러운 회화 표현을 연습해 보세요.

A: He comprado este vestido.
나 이 원피스 샀어.

B: Te queda bien.
Es como anillo al dedo.
너한테 잘 어울려. 안성맞춤이네.

외워봅시다!

글을 읽고 해석하거나 작문해 보세요.

- 너는 기억력이 안 좋구나.

  Tienes memoria de pez.

- 집중해 봐.

  Pon los cinco sentidos.

- 안성맞춤이네.

  Es como anillo al dedo.

- **No hagas correr la voz.**

  소문 퍼뜨리지 마.

- **No te quedas tan atrás.**

  너나 잘해.

박물관

• 프라도 미술관 Museo Nacional del Prado

스페인의 대표적인 미술관으로 벨라스케스, 고야 등 유명 화가들의 작품을 포함한 왕실 소장품을 전시하고 있습니다. 잘 알려진 명작들을 만날 수 있는 곳입니다.

✅ 꿀팁 용어

museo 박물관, 미술관 • nacional 국립의

• 티센 보르네미사 미술관 Museo Thyssen-Bornemisza

마드리드 3대 미술관 중 하나로, 다양한 시대와 지역의 작품을 감상할 수 있습니다. 독일 귀족 티센 남작의 소장품들이 전시된 이곳은 스페인 정부에 의해 운영됩니다.

✅ 꿀팁 용어

contemporáneo/a 현대의

• 레이나 소피아 미술관 Museo Nacional Centro de Arte Reina Sofía

20세기 현대 미술을 대표하는 미술관으로, 피카소의 '게르니카'를 비롯해 살바도르 달리와 호안 미로의 작품도 만나볼 수 있습니다.

✅ 꿀팁 용어

arte 예술 · reina 여왕

• 구겐하임 미술관 Museo Guggenheim

스페인 북부 도시 빌바오가 산업 붕괴로 경기 침체를 겪은 뒤, 도시 재생을 위해 유치한 미술관입니다. 야외에 전시된 작품들이 눈길을 끄는 명소 중 하나입니다.

DAY 14

 01-14

오늘의 표현

No pidas peras al olmo.
꿈도 꾸지 마.

불가능한 일을 기대하거나 요구하지 말라는 의미로 사용합니다. 배나무에게 배를 얻어야 할 일을 느릅나무에 요구하는 것처럼, 현실적으로 이루어질 수 없는 일을 기대하는 것은 어리석다는 비유적 표현입니다.

직역 느릅나무에 배를 요구하지 마.
단어 pedir 요구하다 • pera (과일) 배 • a ~에게 • olmo 느릅나무

 **회화** 자연스러운 회화 표현을 연습해 보세요.

A: Quiero dejar de trabajar y dar una vuelta al mundo.
일 관두고 세계 일주나 하고 싶다.

B: No pidas peras al olmo.
꿈도 꾸지 마.

오늘의 표현

No eches leña al fuego.

불난 집에 부채질하지 마.

이미 나쁜 상황을 더욱 악화시키지 말라는 의미로 사용합니다. 불속에 장작을 던져 불을 더 키우는 것처럼, 이미 있는 문제를 더 심각하게 만들지 말라는 경고의 표현입니다.

직역 불에 장작을 넣지 마.
단어 echar 집어넣다 · leña 장작 · a ~에게 · fuego 불

회화 자연스러운 회화 표현을 연습해 보세요.

A: Tu coche es casi nuevo pero has tenido un accidente de tráfico.
네 차 거의 새건데 교통사고가 났네.

B: No eches leña al fuego.
불난 집에 부채질하지 마.

DAY 14

오늘의 표현

Es harina de otro costal.

그건 전혀 엉뚱한 얘기잖아.

주제와 전혀 관계없는 엉뚱한 이야기를 할 때 사용합니다. '다른 주머니의 밀가루다'라는 것은 밀가루가 다른 주머니에서 나온다는 설정을 통해 주제와 관계없는 이야기를 한다는 비유적 표현입니다.

직역 그건 다른 주머니의 밀가루잖아.

단어 ser ~이다 · harina 밀가루 · de ~의 · otro 다른 · costal 자루, 주머니

회화 자연스러운 회화 표현을 연습해 보세요.

A: ¿De qué hablas? Es harina de otro costal.
무슨 말이야? 그건 완전 딴 얘기잖아.

B: ¿No hablamos de Eva? Lo siento.
우리 에바 얘기하는 거 아니었어? 미안.

오늘의 표현

Sacas mis trapos sucios.

너는 내 치부를 까발렸어.

자신이 숨기고 싶은 사실이나 치부를 드러낸 상대방에게 불편하고 불쾌한 감정을 표현할 때 사용합니다. '더러운 걸레'는 자신의 약점이나 부끄러운 점의 비유적 표현입니다.

직역 너는 나의 더러운 걸레를 꺼냈어.

단어 sacar 꺼내다 · mi 나의 · trapo 걸레 · sucio/a 더러운

회화 자연스러운 회화 표현을 연습해 보세요.

A: ¿Me estás enfadado?
   너 나한테 화났어?

B: Sí, porque sacas mis trapos sucios.
   응, 네가 내 치부를 까발리잖아.

오늘의 표현

No eches balones fuera.

핑계 대지 마.

상황을 피하려 하거나 책임을 지지 않으려는 사람을 비판할 때 사용합니다. 축구에서 공을 밖으로 던진다는 것은 경기에서 벗어나거나 방어적 태도를 취하는 것과 같으므로, 책임을 회피하거나 문제를 피하려는 태도를 비판하는 의미로 이해할 수 있습니다.

직역 공들을 밖으로 던지지 마.

단어 echar 던지다, 집어넣다 · balón 공 · fuera 밖으로

 자연스러운 회화 표현을 연습해 보세요.

A: He salido de casa a tiempo pero me he perdido.
집에서 제시간에 나왔는데 길을 잃었어.

B: No eches balones fuera.
핑계 대지 마.

외워봅시다!
글을 읽고 해석하거나 작문해 보세요.

- 불난 집에 부채질하지 마.

  No eches leña al fuego.

- 너는 내 치부를 까발렸어.

  Sacas mis trapos sucios.

- 핑계 대지 마.

  No eches balones fuera.

- Es harina de otro costal.

  그건 완전 다른 얘기야.

- No pidas peras al olmo.

  욕심 부리지 마.

숨겨진 이슬람 문화

스페인은 오랜 기간 이슬람 왕조의 지배를 받았던 나라로, 스페인 남부 안달루시아 지방에는 이슬람 문화를 고스란히 담은 유적지가 많습니다.

• **그라나다의 알람브라 궁전** La Alhambra

알람브라는 아랍어로 '붉은 성'을 뜻합니다. 그라나다는 이슬람 세력의 마지막 근거지로, 스페인 사람들이 이슬람 흔적을 모두 지우려 했지만 알람브라 궁전만큼은 남겨둘 만큼 이슬람 문화의 대표 유적지라고 할 수 있습니다.

✓ 꿀팁 용어

palacio 궁전 · **catedral** 대성당 · **jardín** 정원

• 세비야의 알카사르 궁전 Reales Alcázares de Sevilla

유네스코 세계문화유산에 등재되어 있으며, 알람브라 궁전을 본떠 지어진 궁전으로 이슬람과 스페인 양식이 결합한 무데하르 양식의 건축물입니다.

✅ **꿀팁 용어**

real 왕궁의

• 코르도바의 메스키타 Mezquita

이슬람 세력이 지은 모스크를 가톨릭 세력이 대성당으로 증축한 독특한 건축물로, 두 종교의 건축 양식을 한곳에서 볼 수 있습니다.

오늘의 표현

No llegaré a fin de mes.

경제적인 여유가 없어.

경제적인 압박을 받는 상황을 구체적으로 나타낼 때 사용합니다. 월말은 보통 급여를 받아 여유가 생기는 시기지만, '월말에 도달하지 않는다'라는 것은 경제적으로 여유가 생기는 상태에 이르지 못한다는 뜻으로 경제적 여유가 없다는 의미를 담고 있습니다.

직역 월말에 도달하지 않을 거야.

단어 llegar 도착하다, 도달하다 • a ~에 • fin de mes 월말

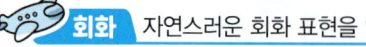 자연스러운 회화 표현을 연습해 보세요.

A: ¿Por qué cancelaste el viaje?
여행을 왜 취소했어?

B: No llegaré a fin de mes.
경제적 여유가 없어.

오늘의 표현

Pareces un disco rayado.

넌 똑같은 소리만 해.

똑같은 말을 계속 반복하는 사람에게 쓰는 표현입니다. 레코드판이 긁히면 같은 소리가 반복되는 것처럼, 같은 이야기를 지겹게 되풀이하는 사람을 의미합니다.

직역 넌 튀는 레코드판처럼 보인다.
단어 parecer ~처럼 보인다 · disco 레코드판 · rayado 줄을 그은

 **회화** 자연스러운 회화 표현을 연습해 보세요.

A: **Quiero enamorarme pero no puedo.**
연애하고 싶은데 못 하겠어.

B: **Pareces un disco rayado.**
너 또 그 말이야.

오늘의 표현

El mundo es un pañuelo.

세상 참 좁다.

예상치 못한 곳이나 상황에서 아는 사람을 만났을 때 '세상 참 좁다'는 의미로 사용합니다. '손수건 한 장이다'라는 것은 세상의 크기가 상상보다 좁고 모든 것이 연결되어 있다는 비유적 표현입니다.

직역 세상은 손수건 한 장이다.
단어 mundo 세상 · ser ~이다 · pañuelo 손수건

회화 자연스러운 회화 표현을 연습해 보세요.

A: ¿Sabes? Mi nueva jefa es tu amigo Elena.
너 알아? 내 새 직장 상사가 네 친구 엘레나야.

B: No me digas.
El mundo es un pañuelo.
말도 안 돼. 세상 참 좁다.

Cuesta un ojo de la cara.

엄청 비싸다.

값이 너무 비쌀 때 쓰는 표현입니다. 잉카 제국을 정복한 스페인 장군이 전투 중 눈에 화살을 맞아 눈을 잃은 역사적 사건에서 유래하여, 큰 희생을 치를 만큼 비싸다는 의미를 담고 있습니다.

직역 눈의 값이 나가다.

단어 costar 값이 나가다 · ojo 눈 · de ~의 · cara 얼굴

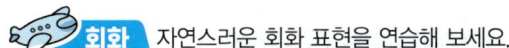

A: He pagado cien millones para este coche.
이 차에 1억을 지불했어.

B: ¿Cómo? Cuesta un ojo de la cara. No puedo comprarlo.
뭐라고? 엄청 비싸네. 나는 못 사겠다.

오늘의 표현

Tienes una vista de águila.

너는 시력이 참 좋구나.

시력이 매우 좋다라는 의미로 사용합니다. 독수리는 사람보다 시력이 3~4배 더 좋기 때문에 시력이 뛰어나다는 비유적 표현입니다.

직역 너는 독수리의 시력을 가졌구나.

단어 tener 가지고 있다 · vista 시력 · de ~의 · águila 독수리

 **회화** 자연스러운 회화 표현을 연습해 보세요.

A: ¿Ves aquel árbol?
　　저 나무 보여?

B: No veo nada. Tienes una vista de águila.
　　난 아무것도 안 보여. 너 시력 진짜 좋다.

외워봅시다!

글을 읽고 해석하거나 작문해 보세요.

- 넌 똑같은 소리만 해.

  Pareces un disco rayado.

- 세상 참 좁다.

  El mundo es un pañuelo.

- 너는 시력이 참 좋구나.

  Tienes una vista de águila.

- No llegaré a fin de mes.

  경제적인 여유가 없어.

- Cuesta un ojo de la cara.

  엄청 비싸다.

스페인 문화 즐기기

- **투우** corrida de toros

매년 3~4월에 시작해 10월까지 주말마다 경기가 열립니다. 현재 투우를 금지한 도시가 늘고 있어, 투우 관람은 마드리드나 세비야를 추천합니다. 가장 큰 투우장은 마드리드의 '라스 벤타스', 가장 오래된 투우장은 세비야의 '마에스트란자'입니다.

✅ 꿀팁용어

plaza de toros 투우장

- **플라멩코** flamenco

스페인 남부 안달루시아 지방에 정착한 집시들의 삶을 춤과 노래로 표현한 전통 공연 예술입니다. 주로 플라멩코 전용 공연장인 '따블라오'에서 식사와 음료를 즐기며 관람할 수 있습니다.

✅ 꿀팁용어

tablao 따블라오(플라멩코 전용 공연장) · escenario 무대 · paso 스텝

• 축구 fútbol

스페인은 축구로 유명하며, FC 바르셀로나와 레알 마드리드가 가장 인기 있는 팀입니다. 두 팀의 홈구장도 관광지로 유명합니다. FC 바르셀로나의 홈구장인 '깜프누 경기장'에는 역대 FC 바르셀로나의 우승 트로피가 전시된 박물관도 있습니다.

레알 마드리드의 홈구장 '산티아고 베르나베우 경기장'은 최근 리모델링을 마치고 돔구장으로 재개장했으며, 경기장 투어 프로그램도 제공합니다.

✅ 꿀팁 용어

estadio 경기장 · equipo 팀 · club 구단 · partido 경기

긴 문장 원어민처럼 말하자!

15Day

DAY 1

02-01

오늘의 표현

No hay vuelta de hoja.

이제 돌이킬 수 없어.

중요한 결정을 내렸거나, 더는 되돌릴 수 없는 상황에서 쓰는 표현입니다. 과거에는 글을 쓰다 틀리면 종이 뒷면에 다시 썼고, 뒷면이 없을 땐 고칠 수 없었습니다. 이처럼 이미 돌이킬 수 없는 상황을 비유적으로 나타낼 때 사용합니다.

직역 종이의 뒷면은 없어.

단어 hay ~이 있다 · vuelta 뒤쪽 · de ~의 · hoja 종이

회화 자연스러운 회화 표현을 연습해 보세요.

A: Rechacé su oferta.
   No hay vuelta de hoja.
   내가 그의 제안을 거절했어. 이제 돌이킬 수 없어.

B: ¿En serio? No me bromees.
   정말이야? 농담하지 마.

Tienes letra de médico.

너 악필이구나.

글씨가 알아보기 힘들 정도로 악필일 때 유머러스하게 사용할 수 있는 표현입니다. 의사들은 환자 진료 차트에 많은 내용을 빠르게 기록하느라 글씨를 휘갈겨 쓰다 보니 필적을 알아보기 어렵다는 인식의 비유적 표현입니다.

직역 너는 의사의 필적을 가졌구나.

단어 tener 가지다 · letra 필적 · de ~의 · médico/a 의사

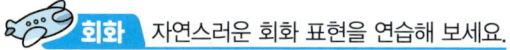

A: **Espera un momento. Aquí está la dirección de Luis.**
잠시만 기다려줘. 여기 루이스네 주소가 있어.

B: **Tienes letra de médico. No puedo leerla.**
너 악필이구나. 읽을 수가 없어.

DAY 1

오늘의 표현

Vas de punta en blanco.

너 멋지게 차려입었네.

상대방이 세련되고 완벽하게 차려입었을 때 사용합니다. '하얀색'은 칼이 햇빛에 반사되어 하얗게 보이는 모습에서 유래한 말로, 중세 시대 기사가 전투 전에 잘 갈린 칼을 차고 멋지게 차려입은 모습에서 비롯된 비유적 표현입니다.

직역 잘 갈린 칼을 들고 가네.
단어 ir 가다 · de ~로 · punta 칼끝 · en ~로 · blanco 하얀색

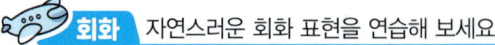
회화 자연스러운 회화 표현을 연습해 보세요.

A: **Vas de punta en blanco.**
너 멋지게 차려입었네.

B: **Hoy tengo una cita a ciegas.**
나 오늘 소개팅 있거든.

오늘의 표현

Hacemos buenas migas.

우리는 죽이 잘 맞아.

친밀하고 잘 어울리는 관계를 표현할 때 사용합니다. 과거 농부들은 힘든 농사일을 마친 뒤, 동료들과 빵 부스러기로 만든 음식을 나눠 먹으며 정을 쌓았습니다. 이런 이유로 '빵 부스러기'는 화합과 우정을 상징하는 표현으로 자리 잡았습니다.

직역 우리는 좋은 빵 부스러기를 만들어.

단어 hacer 하다, 만들다 · bueno/a 좋은 · miga 빵 부스러기

 자연스러운 회화 표현을 연습해 보세요.

A: **Me parece que Alejandro y tú sois muy amigos.**
   내 생각에 너랑 알레한드로는 정말 친한 것 같아.

B: **Hacemos buenas migas.**
   우리는 죽이 잘 맞아.

DAY 1

오늘의 표현

No veo tres en un burro.

난 눈이 잘 안 보여. (= 시력이 나빠.)

시력이 나쁘거나 잘 보이지 않을 때 사용합니다. 당나귀 위에 세 사람이 타고 있으면, 실루엣이 매우 커서 누구라도 쉽게 볼 수 있어야 하는데 그것조차 보이지 않는다는 데서 유래한 비유적 표현입니다.

`직역` 나는 당나귀 위에 탄 세 사람이 안 보여.

`단어` ver 보다 · tres 숫자 3 · en ~에 · burro 당나귀

 **회화** 자연스러운 회화 표현을 연습해 보세요.

A: **Mira aquel hombre.**
   저 남자 좀 봐.

B: **¿Dónde? No veo tres en un burro.**
   어디? 나 시력이 나빠.

글을 읽고 해석하거나 작문해 보세요.

- 이제 돌이킬 수 없어.

  No hay vuelta de hoja.

- 너 악필이구나.

  Tienes letra de médico.

- 너 멋지게 차려입었네.

  Vas de punta en blanco.

- **Hacemos buenas migas.**

  우리는 죽이 잘 맞아.

- **No veo tres en un burro.**

  눈이 잘 안 보여. (= 시력이 나빠.)

4개의 스페인어

* 스페인 헌법에는 총 4개의 언어가 공식 언어로 지정되어 있습니다. 이중 우리가 일반적으로 말하는 스페인어는 카스티야 지방에서 사용되는 '카스티야어'입니다.

• 카스티야어 Castellano

카스티야는 마드리드를 중심으로 하는 스페인 중앙 지역이며, 이곳에서 사용하는 언어가 카스티야어입니다. 우리가 배우는 스페인어가 카스티야어이며, 스페인 전역에서 가장 많이 통용되는 언어입니다.

✅ 꿀팁 용어

Castilla 카스티야 지방 · español 스페인어

• 카탈루냐어 Catalán

바르셀로나를 중심으로 하는 카탈루냐 지역에서 사용되는 언어로, 프랑스와 이탈리아의 일부 지역에서도 사용됩니다.

✅ 꿀팁 용어

Cataluña 카탈루냐 지방

• 바스크어 Vasco

스페인 북부 지방에서 쓰는 언어로, 빌바오나 산세바스티안을 중심으로 사용합니다. 스페인에서 가장 흔치 않은 언어로 주변의 언어와 연관성이 적습니다.

✅ 꿀팁 용어

euskera (바스크어로) 바스크어

• 갈리시아어 Gallego

스페인 북서부 지방에서 쓰는 언어로, 순례길로 유명한 산티아고 데 콤포스텔라를 중심으로 사용합니다. 포르투갈어와 매우 유사합니다.

✅ 꿀팁 용어

Galicia 갈리시아 지방

DAY 2

오늘의 표현

No das el brazo a torcer.
넌 꿈쩍도 안 하는구나.

절대로 양보하거나 굴복하지 않으려는 태도를 표현할 때 사용합니다. 팔씨름은 상대방의 팔을 비틀어 이기는 게임으로 자신의 팔이 비틀어지면 지기 때문에, 절대 팔이 비틀어지지 않으려는 모습의 비유적 표현입니다.

직역 넌 팔을 비틀게 주지 않는구나.

단어 dar 주다 · brazo 팔 · torcer 비틀다

회화 자연스러운 회화 표현을 연습해 보세요.

A: No me persuades. Nunca cambio de opinión.
나를 설득하지 마. 난 절대 생각을 안 바꿀 거야.

B: No das el brazo a torcer. Ya estoy harto.
넌 꿈쩍도 안 하는구나. 이제 나도 지겨워.

Está pegado a las faldas.

걔 마마보이야.

보호자나 어머니에게 지나치게 의존적이고 자립하지 못하는 사람을 가리키는 표현입니다. '치맛자락에 붙어 있다'라는 것은 어머니 품에 안겨 있는 모습을 비유적으로 나타내는 말로, 항상 보호자의 관심이나 도움을 필요로 하며 스스로 독립하지 못하는 상태를 의미합니다.

직역 걔는 치맛자락에 붙어있어.

단어 estar ~인 상태이다 • pegado/a 붙은 • a ~에 • falda 치마, 치맛자락

 자연스러운 회화 표현을 연습해 보세요.

A: **Miguel siempre escucha a su madre.**
미겔은 항상 엄마 말을 잘 들어.

B: **Está pegado a las faldas.**
걔 마마보이야.

Es un cero a la izquierda.

걔는 쓸모가 없어.

함께 모였을 때 뚜렷한 의견을 제시하지 않거나 의사 결정에 영향을 주지 못하는 사람을 가리키는 표현입니다. 숫자에서 가장 왼쪽에 있는 0은 아무런 가치가 없다는 점에서 유래한 비유적 표현입니다.

`직역` 걔는 왼쪽의 숫자 0이야.

`단어` ser ~이다 · cero 숫자 0 · a ~에 · izquierda 왼쪽

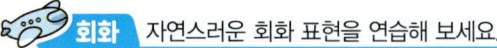

A: **Pedro no ha dicho nada en la reunión como siempre.**
페드로는 늘 그렇듯 회의에서 아무 말도 안 했어.

B: **Es un cero a la izquierda.**
걔는 쓸모가 없어.

오늘의 표현

Pareces árbol de navidad.

너 너무 꾸몄어.

상대방이 지나치게 화려하거나 과하게 꾸민 모습을 묘사할 때 사용합니다. 크리스마스트리처럼 지나치게 많은 장식이나 꾸밈으로 눈에 띄게 된 상태의 비유적 표현입니다.

직역 너 크리스마스트리 같아.
단어 parecer ~처럼 보이다 • árbol 나무 • de ~의 • navidad 크리스마스

회화 자연스러운 회화 표현을 연습해 보세요.

A: ¿Cómo me veo?
　나 어때?

B: Pareces árbol de navidad.
　너 너무 꾸몄어.

오늘의 표현

Puso palos en las ruedas.
걔가 일을 망쳐놨어.

일이 잘 진행되고 있는 상황에서 누군가가 그 흐름을 방해하거나 일을 그르쳤을 때 사용합니다. 잘 굴러가고 있던 바퀴에 막대기를 넣어 일을 망쳤다는 의미로, 누군가 방해하여 잘 진행되던 일이 멈추게 되거나 엉망이 되었다는 비유적 표현입니다.

직역 걔가 바퀴에 막대기를 넣었어.
단어 poner 넣다 · palo 막대기 · en ~에 · rueda 바퀴

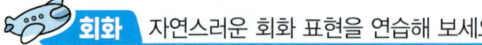

회화 자연스러운 회화 표현을 연습해 보세요.

A: **Puso palos en las ruedas.**
걔가 일을 망쳐놨어.

B: **Sé paciente con él.**
걔한테 너무 심하게 그러지 마.

글을 읽고 해석하거나 작문해 보세요.

- 넌 꿈쩍도 안 하는구나.

  No das el brazo a torcer.

- 걔는 쓸모가 없어.

  Es un cero a la izquierda.

- 걔가 일을 망쳐놨어.

  Puso palos en las ruedas.

- Está pegado a las faldas.

  걔 마마보이야.

- Pareces árbol de navidad.

  너 너무 꾸몄어.

 ## 하루 식사

* 스페인 사람들은 하루에 다섯 끼 정도를 먹으며, 식사 시간도 한국과 차이가 있습니다.

• 아침 식사 : 오전 7시~8시

보통 집에서 간단히 먹거나, 출근길에 카페테리아나 바(bar)에 들러 커피나 우유 한 잔에 빵 한 조각 정도를 먹습니다.

✓ 꿀팁용어

cafetería 카페 · leche 우유

• 오전 간식 : 오전 11시~12시

아침 식사 겸 간식으로 스페인식 샌드위치나 간단한 타파스를 먹습니다.

✓ 꿀팁용어

bocadillo 보까디요 (스페인식 샌드위치)

• 점심 식사 : 오후 2시~4시

하루 식사 중 점심을 가장 풍성하게 먹기 때문에 주로 코스 요리로 즐깁니다.

✅ **꿀팁용어** menú del día 메누 델 디아(오늘의 메뉴)

• 오후 간식 : 오후 6시~7시

가볍게 차 한 잔과 샌드위치 정도를 먹거나 맥주 한 잔을 하며 일과를 마무리합니다.

✅ **꿀팁용어** cóctel 칵테일 · té 차

• 저녁 식사 : 저녁 9시~10시

스페인의 레스토랑은 보통 저녁 8시부터 식사가 가능합니다. 수프나 과일 등으로 가볍게 먹는 사람들도 많습니다.

✅ **꿀팁용어** sopa 수프 · ensalada 샐러드 · fruta 과일

DAY 3

오늘의 표현

Soy una blanca palomita.
난 결백해.

자신이 정직하거나 억울한 상황을 강조할 때 사용합니다. '나는 새하얀 비둘기다'에서 palomita는 paloma(비둘기)의 귀여운 형태로, 애정과 친근함을 담고 있습니다. 비둘기는 순수함과 결백함을 상징하므로, 나는 결백하다는 의미로 이해할 수 있습니다.

직역 난 새하얀 비둘기야.

단어 ser ~이다 · blanco/a 하얀 · palomita (작은) 비둘기

회화 자연스러운 회화 표현을 연습해 보세요.

A: **¿Quién lo hizo?**
그거 누가 했어?

B: **No soy. Soy una blanca palomita.**
나 아니야. 난 결백해.

Salió el tiro por la culata.

일이 틀어졌어.

계획한 일이 틀어져 실패했을 때 사용하는 표현입니다. 총알이 총구가 아닌 개머리판에서 나간다는 말에서 유래한 비유적 표현으로, 일이 예상과 다르게 진행되어 실패한 상황을 나타냅니다.

직역 개머리판에서 발사되었어.

단어 salir 나가다 · tiro 발사 · por ~을 통해서 · culata (총의) 개머리판

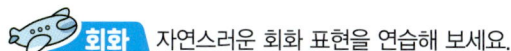

A: **Lleuve mucho. Íbamos a ir de camping.**
비가 많이 오네. 우리 캠핑 가려고 했는데.

B: **¡Qué mala suerte! Salió el tiro por la culata.**
운이 진짜 없네! 일이 다 틀어졌어.

오늘의 표현

Planché la oreja temprano.

나 일찍 잠들었어.

일찍 잠자리에 들거나 자는 모습을 재미있게 나타낸 표현입니다. 사람이 누워서 자는 모습의 비유적 표현이며, 마치 귀가 반듯하게 눕는 이미지를 떠올리게 합니다.

직역 나 일찍 귀를 다림질했어.

단어 planchar 다림질하다 · oreja 귀 · temprano 일찍

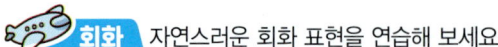 **회화** 자연스러운 회화 표현을 연습해 보세요.

A: Te llamé dos veces anoche pero no contestaste. ¿Qué te pasó?
어젯밤에 너한테 두 번이나 전화했는데 안 받더라. 무슨 일 있었어?

B: Lo siento. Planché la oreja temprano.
미안. 일찍 잠들었어.

오늘의 표현

Se me pegan las sábanas.

나 늦잠 잤어.

알람을 못 듣고 늦게 일어났을 때 사용합니다. 포근한 이불에서 쉽게 벗어나기 어려운 상태를 재미있게 묘사한 표현으로, 잠을 너무 잘 자서 늦잠을 자버린 상황을 의미합니다.

직역 이불이 나한테 붙어버렸어.
단어 me 나에게 • pegarse 달라붙다 • sábana 이불

회화 자연스러운 회화 표현을 연습해 보세요.

A: ¿Qué te ha pasado?
   Has llegado una hora tarde.
   무슨 일 있었어? 너 한 시간 늦게 왔어.

B: Se me pegan las sábanas.
   늦잠 잤어.

DAY 3

오늘의 표현

Es un ratón de biblioteca.

걔는 책벌레야.

책을 많이 읽고 독서를 좋아하는 사람을 가리킬 때 사용합니다. '도서관의 쥐'는 책이 많은 도서관 구석구석을 돌아다니는 모습을 연상시킨 비유적 표현으로, 책벌레를 의미합니다.

직역 도서관의 쥐야.
단어 ser ~이다 · ratón 쥐 · de ~의 · biblioteca 도서관

 자연스러운 회화 표현을 연습해 보세요.

A: **Paula siempre está en la biblioteca.**
파울라는 항상 도서관에 있어.

B: **Es un ratón de biblioteca.**
걔는 책벌레야.

외워봅시다!

글을 읽고 해석하거나 작문해 보세요.

- 난 결백해.

  Soy una blanca palomita.

- 나 일찍 잠들었어.

  Planché la oreja temprano.

- 나 늦잠 잤어.

  Se me pegan las sábanas.

- Salió el tiro por la culata.

  일이 틀어졌어.

- Es un ratón de biblioteca.

  걔는 책벌레야.

일상적인 장소

• 광장

스페인 곳곳에는 크고 작은 광장이 있으며, 그중 '마요르 광장'은 도시 내 중심 역할을 합니다. 광장에서는 공연도 열리고, 친구들과 만나는 장소로도 자주 활용됩니다.

✅ 꿀팁 용어

plaza 광장 • plaza mayor 대광장

• 카페테리아 cafetería

스페인 사람들의 일상을 그대로 느낄 수 있는 곳입니다. 커피뿐만 아니라 술과 다양한 음료를 판매하며 간단한 타파스와 추로스 등도 즐길 수 있습니다.

✅ 꿀팁 용어

cafetería 카페 • refresco 청량음료 • bebida 음료

• 바 Bar

스페인의 바(bar)는 단순히 술을 마시는 곳이 아니라 사교의 중심지입니다. 대부분 이른 아침부터 늦은 밤까지 영업하며, 사람들은 이곳에서 회의도 하고 축구 경기도 관람하며 많은 시간을 보냅니다.

• 공원

스페인에는 마드리드의 레티로 공원, 바르셀로나의 구엘 공원, 세비야의 마리아 루이사 공원처럼 아름다운 자연을 느낄 수 있는 도심 속 큰 규모의 공원이 많습니다.

✅ **꿀팁 용어**

parque 공원 · parque nacional 국립공원

DAY 4

 02-04

Está en la edad del pavo.

걔 사춘기야.

사춘기의 특성을 재미있게 표현할 때 사용합니다. 사춘기에 나타나는 질풍노도의 시기를 주위 환경에 민감하게 반응하며 갑자기 날뛰는 칠면조의 행동에 비유한 표현입니다.

직역 걔는 칠면조의 나이에 있어.

단어 estar ~에 있다 · en ~에 · edad 나이 · de ~의 · pavo 칠면조

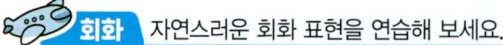 **회화** 자연스러운 회화 표현을 연습해 보세요.

A: Me preocupo por mi hijo. Está en la edad del pavo.
내 아들이 걱정돼. 걔가 사춘기거든.

B: El tiempo lo resolverá.
시간이 해결해 줄 거야.

No te hagas mala sangre.

괴로워하지 마.

상대방이 감정적으로 괴로워하는 상황에서 위로하거나 조언할 때 사용합니다. 괴로움이나 스트레스가 몸에 해를 끼친다는 의미에서 유래하였으며, '나쁜 피가 된다'라는 것은 스트레스나 감정적인 고통이 피에 영향을 미쳐 몸에 해를 끼친다는 생각에서 비롯되었습니다.

직역 나쁜 피가 되지 마.

단어 hacerse 되다 · malo/a 좋지 않은, 나쁜 · sangre 피

 자연스러운 회화 표현을 연습해 보세요.

A: **He salido mal en el examen.**
나 시험을 망쳤어.

B: **No te hagas mala sangre.**
괴로워하지 마.

오늘의 표현

Ya no me laves el cerebro.

더 이상 나 세뇌시키지 마.

반복적으로 같은 말을 하거나, 강제로 생각을 바꾸려는 상황에서 사용합니다. '뇌를 씻다'라는 것은 사고방식을 강제로 바꾸거나 특정 사고방식을 주입하는 과정을 의미하는 '세뇌'의 비유적 표현입니다.

직역 더 이상 나에게 뇌를 씻겨 주지 마.
단어 ya 이제, 더 이상 · me 나에게 · lavar 씻다, 씻기다 · cerebro 뇌

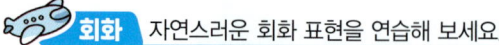
회화   자연스러운 회화 표현을 연습해 보세요.

A: **Este es mejor que aquel. Te lo dijo varias veces.**
이게 저거보다 더 나아. 너한테 여러 번 말했잖아.

B: **Ya no me laves el cerebro.**
더 이상 나 세뇌시키지 마.

오늘의 표현

No te subas a mis barbas.

까불지 마.

상대방이 자신을 무시하거나 도전적인 행동을 할 때 사용합니다. 고대에는 턱수염이 권력과 신분의 상징이었습니다. '턱수염에 오르다'라는 것은 누군가의 권위에 도전 또는 반항하는 것을 의미하므로, 내 권력에 도전하지 말라는 비유적 표현입니다.

직역 내 턱수염에 오르지 마.

단어 subirse ~에 오르다 · a ~에 · mi 나의 · barba 턱수염

 회화 자연스러운 회화 표현을 연습해 보세요.

A: ¿Cuántas veces tengo que decírtelo?
내가 몇 번이나 너한테 그걸 말해야 되니?

B: No te subas a mis barbas.
까불지 마.

오늘의 표현

No se paran ni las moscas.

파리만 날리고 있어.

가게에 손님이 없어서 영업이 잘되지 않는 한가한 상황을 표현할 때 사용합니다. '파리조차도 멈추지 않는다'라는 것은 매우 한가하고 조용한 상황의 묘사로, 손님이 없을 정도로 한산한 상황의 비유적 표현입니다.

직역 파리들조차도 멈추지 않아.

단어 parar 멈추다 · ni ~ 조차도 · mosca 파리

 자연스러운 회화 표현을 연습해 보세요.

A: ¿Qué tal tu nuevo negocio?
네 새 사업은 어때?

B: No se paran ni las moscas.
파리만 날리고 있어.

외워봅시다!

글을 읽고 해석하거나 작문해 보세요.

- 괴로워하지 마.

  No te hagas mala sangre.

- 까불지 마.

  No te subas a mis barbas.

- 파리만 날리고 있어.

  No se paran ni las moscas.

- Ya no me laves el cerebro.

  더 이상 나 세뇌시키지 마.

- Está en la edad del pavo.

  걔 사춘기야.

도로

• 도로명

스페인도 한국처럼 도로명 주소 체계를 따릅니다. 도로 양쪽 끝에 위치한 건물 외벽에는 해당 도로의 이름이 표기되어 있으며, 이름만 적는 것이 아니라 그 도로의 상징적인 이미지나 도시의 명소도 함께 그려져 있습니다.

✓ 꿀팁 용어

calle 길, 거리 · avenida 대로 · autopista 고속도로

• 주소 표기 방법

스페인어 주소에서 izq와 dcha는 아파트 주소에 관한 정보입니다. 아파트 호수 대신 몇 층의 어느 쪽인지를 표기합니다. izq는 '왼쪽', dcha는 '오른쪽'을 의미합니다.

Diego Martínez
Gerente de Negocios

Calle Principal, 123, izq, puerta2
hello@abccompania.com
www.abccompania.com

✓ 꿀팁 용어

izquierda 왼쪽 · derecha 오른쪽

• 원형 교차로

스페인에서 자주 보이는 원형 교차로는 교통 흐름을 원활하게 하고 사고 위험을 낮추는 장점이 있습니다.

✅ **꿀팁 용어**

rotonda 원형 교차로

• 자전거 도로 이용 규정

스페인 사람들도 자전거를 많이 이용합니다. 스페인 법규에 따르면 자전거는 차와 같은 도로에서 주행해야 하며, 인도에서 자전거를 타는 것은 불법이므로 자전거 대여 시 주의하세요.

✅ **꿀팁 용어**

bicicleta 자전거

DAY 5

 02-05

오늘의 표현

Eres una cabeza cuadrada.

너 정말 체계적인 사람이구나.

어떤 일을 매우 조직적이고 완벽하게 처리하는 사람을 칭찬하거나 그 사람의 성격을 묘사할 때 사용합니다. '네모난 모양'은 보통 반듯하고 완벽한 이미지를 연상시키므로, 매우 계획적이고 정리 정돈이 잘 된 성격을 가진 사람을 의미하는 비유적 표현입니다.

직역 너는 네모난 머리구나.

단어 ser ~이다 · cabeza 머리 · cuadrado/a 네모난

 **회화** 자연스러운 회화 표현을 연습해 보세요.

A: Tenemos preparados todos para ir de vacaciones.
휴가를 가기 위한 모든 게 준비됐어.

B: ¿Ya? Eres una cabeza cuadrada.
벌써? 너 정말 철두철미하다.

오늘의 표현

Tengo un pie en la tumba.

나 죽기 일보 직전이야.

매우 위험하거나 죽기 일보 직전의 상황을 강조할 때 사용합니다. '무덤에 발을 하나 가지고 있다'라는 것은 죽음에 한 발 들여놓은 상태를 나타내는 비유적 표현입니다.

직역 나는 무덤에 발을 하나 가지고 있어.

단어 tener 가지고 있다 · pie 발 · en ~에 · tumba 무덤

회화 자연스러운 회화 표현을 연습해 보세요.

A: **Tengo mucho trabajo.**
   Tengo un pie en la tumba.
   나 일이 너무 많아. 죽기 일보 직전이야.

B: **Debes descansar.**
   넌 좀 쉬어야 해.

DAY 5

오늘의 표현

Bebes como una esponja.

너 술고래구나.

술을 많이 마시는 사람을 표현할 때 사용합니다. 스펀지는 액체를 잘 흡수하는 특징이 있기 때문에, '스펀지처럼 마신다'라는 것은 스펀지가 물을 흡수하듯 술을 많이 마시는 사람을 뜻하는 '술고래'의 비유적 표현입니다.

직역 너 스펀지처럼 마시는구나.
단어 beber 마시다 · como ~처럼 · esponja 스펀지

회화 자연스러운 회화 표현을 연습해 보세요.

A: Ayer tomé cinco botellas de vino.
　 어제 와인 다섯 병을 마셨어.

B: Bebes como una esponja.
　 너 술고래구나.

오늘의 표현

No te andes por las ramas.

딴소리 좀 하지 마.

대화 중, 핵심적인 내용을 말하지 않고 계속 빙빙 돌려 말할 때 사용합니다. '나뭇가지 사이로 걸어 다니다'라는 것은 복잡하게 얽혀 있는 가지들 사이를 헤매는 모습을 연상시키므로, 핵심에서 벗어난 이야기를 하고 있을 때 그만하고 본론을 이야기하라는 비유적 표현입니다.

직역 나뭇가지 사이로 걸어 다니지 마.

단어 andarse 걸어 다니다 • por ~을 통해서 • rama (나무의) 가지

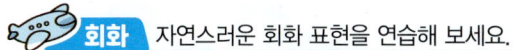
자연스러운 회화 표현을 연습해 보세요.

A: No te andes por las ramas. ¿Qué quieres decir?
딴소리 좀 하지 마. 뭘 말하고 싶은 거야?

B: Lo siento. Ya solo escucharé.
미안해. 이제 그냥 듣고만 있을게.

오늘의 표현

Estamos en números rojos.
우리 돈 없어.

경제적 어려움을 겪고 있을 때 사용합니다. '빨간 숫자'는 적자를 의미하는 경제 용어에서 유래하였으며, '빨간 숫자에 있다'라는 것은 재정 상태가 좋지 않거나 돈이 부족한 상황을 나타내는 비유적 표현입니다.

직역 우리는 빨간 숫자에 있어.
단어 estar ~에 있다 • en ~에 • número 숫자 • rojo/a 빨간색의

 **회화** 자연스러운 회화 표현을 연습해 보세요.

A: ¿Qué tal si vamos a comer fuera?
우리 외식하는 게 어때?

B: Estamos en números rojos.
우리 돈 없어.

외워봅시다!

글을 읽고 해석하거나 작문해 보세요.

- 너 정말 체계적인 사람이구나.

  Eres una cabeza cuadrada.

- 너 술고래구나.

  Bebes como una esponja.

- 우리 돈 없어.

  Estamos en números rojos.

- **Tengo un pie en la tumba.**

  나 죽기 일보 직전이야.

- **No te andes por las ramas.**

  요점만 말하지 마.

화폐와 표기 방법

• 화폐 단위

스페인은 유럽 연합에 속한 국가로, 화폐 단위는 '유로(€)'입니다. 1유로와 2유로는 동전이며, 5유로부터는 지폐입니다.

✅ **꿀팁 용어**

euro 유로 · billete 지폐 · moneda 동전

• 가격 표기

유로의 하위 단위는 '센티모'이며, 100센티모는 1유로에 해당합니다. 스페인에서 모든 물건의 가격이 유로와 센티모로 표시되며, 미국의 물건 가격 표기처럼 달러에 해당하는 단위가 '유로'이고, 센트에 해당하는 단위가 '센티모'입니다.

✅ **꿀팁 용어**

céntimo 센티모

• 숫자와 소수점 표기

- 숫자 표기

스페인과 한국의 표기 방식이 조금 다릅니다. 숫자 9,999까지는 숫자를 모두 붙여 쓰고 10,000부터는 세 자리마다 띄어 씁니다.

- 소수점 표기

한국에서는 마침표(.)를 사용하지만, 스페인에서는 쉼표(,)를 사용합니다. 혼동하기 쉬운 부분이므로 주의하세요.

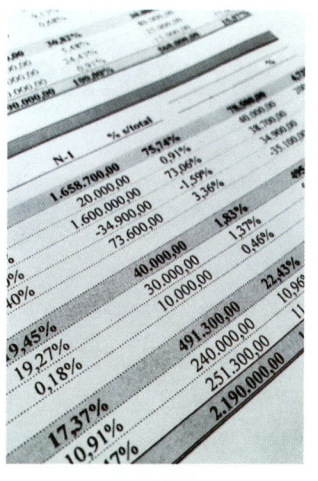

 꿀팁용어

punto 마침표 • coma 쉼표

No tiene ni pies ni cabeza.
얼토당토않네.

한국어의 '얼토당토않다'와 유사한 표현으로, 어떤 이야기가 논리적이지 않거나 근거가 없을 때 사용합니다. '발도 머리도 없다'라는 것은 앞뒤가 전혀 맞지 않고 일관성이 없는 상황을 나타내는 비유적 표현입니다.

직역 발도 머리도 없네.
단어 tener 가지고 있다 · ni ~조차도 · pie 발 · cabeza 머리

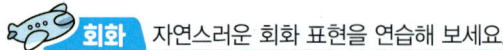

A: ¿Sabes que José sale con una chica mexicana?
너 호세가 멕시코 여자랑 사귀는 거 알고 있니?

B: No es cierto. No tiene ni pies ni cabeza.
그럴 리가 없어. 얼토당토않네.

Está bailando en la cuerda.

걔 위태로운 상황이야.

매우 위험한 상황에 있을 때 사용합니다. '줄 위에서 춤을 춘다'라는 것은 불안정한 환경에서 춤을 추는 모습으로, 위험하거나 어려운 상황에 처해 있다는 비유적 표현입니다.

직역 걔는 줄 위에서 춤을 추고 있어.

단어 estar ~한 상태이다 · bailar 춤을 추다 · en ~위에, ~에서 · cuerda 줄

 **회화** 자연스러운 회화 표현을 연습해 보세요.

A: **Carlos ha perdido mucho dinero en el juego.**
까를로스는 도박에서 많은 돈을 잃었어.

B: **Ya lo sé. Está bailando en la cuerda.**
나도 알아. 걔 위태로운 상황이야.

Tienes el corazón de pollo.

넌 마음이 너무 여려.

마음이 여리고 쉽게 겁먹는 사람을 표현할 때 사용합니다. '닭의 심장'은 겁이 많고 결단력이 부족한 모습의 비유적 표현으로, 새로운 일을 두려워하거나 도전을 망설이는 사람을 가리킬 때 쓰입니다.

직역 너는 닭의 심장을 가지고 있어.

단어 tener 가지고 있다 · corazón 마음, 심장 · de ~의 · pollo 닭

회화 자연스러운 회화 표현을 연습해 보세요.

A: **No puedo decidirlo.**
난 그걸 결정 못 하겠어.

B: **Tienes el corazón de pollo.**
넌 마음이 너무 여려.

Pusiste el dedo en la llaga.

네가 정곡을 찔렀어.

어떤 문제의 핵심을 정확히 파악해서 드러낼 때 사용합니다. '상처 난 곳에 손가락을 놓았다'라는 것은 상처 난 부분을 정확하게 짚었다는 의미로, 민감한 문제나 중요한 부분을 정확히 짚어 정곡을 찔렀음을 의미합니다.

직역 너는 상처에 손가락을 놓았어.
단어 poner 놓다 · dedo 손가락 · en ~에 · llaga 상처

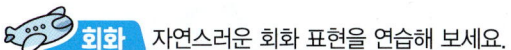

A: Elena habla mucho pero no sabe nada de eso.
    엘레나는 말은 많은데 그것에 대해 전혀 아는 게 없어.

B: Tienes razón. Pusiste el dedo en la llaga.
    네 말이 맞아. 네가 정곡을 찔렀어.

 오늘의 표현

Estoy con el agua al cuello.

나는 절박해.

어려운 상황이나 큰 압박을 받았을 때 사용하는 표현입니다. 물이 목까지 찬 상태는 물에 잠기기 직전이므로 그만큼 절박한 상황을 의미합니다.

직역 나는 물이 목까지 찬 상태야.

단어 estar ~인 상태이다 · con ~와 함께 · agua 물 · a ~에 · cuello 목

 회화 자연스러운 회화 표현을 연습해 보세요.

A: **Tengo que pasar este examen. Estoy con el agua al cuello.**
나 이번 시험은 꼭 합격해야 해. 나는 절박해.

B: **Puedes hacerlo. ¡Ánimo!**
넌 할 수 있어. 힘내!

글을 읽고 해석하거나 작문해 보세요.

- 얼토당토않네.

  No tiene ni pies ni cabeza.

- 넌 마음이 너무 여려.

  Tienes el corazón de pollo.

- 나는 절박해.

  Estoy con el agua al cuello.

- **Pusiste el dedo en la llaga.**

  내가 아픈 곳을 찔렀어.

- **Está bailando en la cuerda.**

  걔 아슬아슬 줄타기야.

결혼 문화

• 결혼식 특징

스페인의 결혼식은 종교 의식과 축하 행사가 함께 이루어집니다. 가톨릭 신자가 많아 성당에서 성직자의 주례로 진행하는 경우가 많습니다.

✅ 꿀팁용어

boda 결혼식 · novio 신랑 · novia 신부

• 초대장과 날짜

스페인에서는 결혼식 초대장이 중요한 의미를 지니며, 신랑 신부가 손수 작성하는 경우가 많습니다. 결혼식 날짜도 종교적 의미를 담아 신중히 선택합니다.

✅ 꿀팁용어

invitación 초대

• 의상

전통적으로 신부는 하얀 드레스를 입고 신랑은 턱시도를 착용하지만, 최근에는 개인의 취향에 맞춰 다양한 의상을 선택하는 경우도 많습니다.

◎ 꿀팁용어

vestido de novia 웨딩드레스 • **esmoquin** 턱시도

• 결혼 풍습

결혼식 당일, 신부는 아버지와 함께 식장에 입장하며 결혼식이 끝날 무렵에는 하객들이 신랑 신부에게 쌀을 뿌려 풍요와 행복을 기원하는 전통적인 풍습이 있습니다.

◎ 꿀팁용어

arroz 쌀

오늘의 표현

Fumas como una chimenea.
너 골초구나.

담배를 많이 피우는 사람을 지칭할 때 사용합니다. '굴뚝처럼 담배를 피운다'라는 것은 자욱한 담배 연기를 뿜어내는 모습을 굴뚝에서 나오는 연기와 비유하여 '골초'를 의미합니다.

직역 너는 굴뚝처럼 담배를 피우는구나.
단어 fumar 담배를 피우다 · como ~처럼 · chimenea 굴뚝

회화 자연스러운 회화 표현을 연습해 보세요.

A: Fumas como una chimenea.
너 골초구나.

B: Me cuesta mucho dejar de fumar.
금연하는 게 너무 힘들어.

Tiras la casa por la ventana.

너는 낭비가 심해.

돈을 아끼지 않고 낭비할 때 사용하는 표현입니다. 복권 당첨자들이 집 안의 낡은 가구를 바꾸기 위해 창문 밖으로 집기를 던졌던 데서 유래한 것으로, 과감하게 돈을 쓰거나 큰돈을 낭비하는 상황의 비유적 표현입니다.

직역 너는 집을 창문으로 던져.

단어 tirar 던지다 · casa 집 · por ~을 통해 · ventana 창문

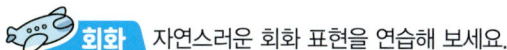

A: He comprado este bolso por seiscientos euros.
나 이 가방 600유로 주고 샀어.

B: Tiras la casa por la ventana.
너는 낭비가 심해.

오늘의 표현

Pongo la mano en el fuego.

내 손에 장을 지진다.

절대 일어날 수 없는 일을 말하거나 사실이 아님을 확신할 때 사용하는 표현입니다. '손을 불에 넣는다'라는 것은 매우 위험한 행동을 감수할 만큼 확신이 크다는 비유적 표현입니다.

직역 나는 손을 불에 넣는다.
단어 poner 넣다 · mano 손 · en ~에 · fuego 불

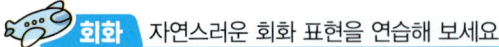
회화 자연스러운 회화 표현을 연습해 보세요.

A: Dicen que Roberto va a España para trabajar. ¿Es eso cierto?
로베르토가 일하러 스페인에 간다던데. 그게 사실이야?

B: Es imposible. Pongo la mano en el fuego.
그럴 리 없어. 내 손에 장을 지진다.

오늘의 표현

Estoy como pez en el agua.

나 물 만난 고기야.

매우 편안하고 잘 적응하는 상태를 표현할 때 사용합니다. 물고기가 물속에서 자유롭고 활발하게 움직이는 것처럼, 한국어의 '물 만난 고기 같다'는 표현과 유사한 의미로 쓰입니다.

직역 나는 물에 있는 물고기 같아.

단어 estar ~에 있다 · como ~와 같은 · pez 물고기 · agua 물

 **회화** 자연스러운 회화 표현을 연습해 보세요.

A: ¿No te cuesta mucho la clase de baile?
댄스 수업 힘들지 않아?

B: Nada. Estoy como pez en el agua.
전혀. 나 물 만난 고기야.

오늘의 표현

Pon los pies sobre la tierra.

주제 파악 좀 해.

자신의 상황이나 주제를 파악하지 못하고 비현실적인 상상만 하는 사람에게 현실을 자각하라는 경고의 의미로 사용합니다. '발을 땅에 놓다'라는 것은 허황된 상상에서 벗어나 실제 현실을 직시하라는 의미로, 꿈만 꾸지 말고 현실을 보라는 비유적 표현입니다.

직역 발을 땅에 놓아라.
단어 poner 놓다 · pie 발 · sobre ~위에 · tierra 땅

 자연스러운 회화 표현을 연습해 보세요.

A: **Si fuera rico, viviría en una casa lujosa.**
내가 만약 부자였다면, 럭셔리 한 집에서 살았을 텐데.

B: **¡Vaya! Pon los pies sobre la tierra.**
이봐! 주제 파악 좀 해.

외워봅시다!
글을 읽고 해석하거나 작문해 보세요.

- 너 골초구나.

  Fumas como una chimenea.

- 내 손에 장을 지진다.

  Pongo la mano en el fuego.

- 나 물 만난 고기야.

  Estoy como pez en el agua.

- Tiras la casa por la ventana.

  너는 돈을 펑펑 써대.

- Pon los pies sobre la tierra.

  허세 부리지 좀 마.

복권 문화

* 스페인에서는 복권이 단순한 도박이 아니라 하나의 문화로 자리 잡고 있으며, 복권을 통한 사회적 후원 활동도 활발히 이루어집니다.

• 라 프리미티바 La primitiva

한국의 로또와 비슷한 방식의 복권으로, 1~49까지의 숫자 중 여섯 개를 고르고, 0~9까지의 보너스 숫자도 선택합니다. 당첨되지 않았더라도 보너스 숫자를 맞추면 복권 구매 금액이 환불됩니다.

✅ 꿀팁 용어

　　número 숫자

• 라 끼니엘라 La Quiniela

스페인 축구 리그의 승패를 맞추는 스포츠 복권으로, 가격은 저렴하지만 당첨 확률이 낮습니다. 당첨금은 한화로 약 20억 정도입니다.

✅ 꿀팁 용어

　　resultado 결과 • número premiado 당첨 번호 • sorteo 추첨

- **온세** ONCE

시각장애인 협회에서 판매하는 복권으로, 판매원은 모두 시각장애인입니다. 판매 수익금은 시각장애인을 위한 활동에 사용되며, 스페인 전역의 거리에서 쉽게 구매할 수 있습니다.

 꿀팁 용어

   lotería 복권

- **엘 고르도** El Gordo

크리스마스 복권으로, 매년 7월부터 12월 21일까지 판매되고 12월 22일에 추첨합니다. 같은 번호로 여러 장 발행되기 때문에, 가족이나 직장 동료끼리 번호를 나눠서 구매하기도 합니다.

DAY 8

 02-08

오늘의 표현

Me acuesto con las gallinas.

나 엄청 일찍 자.

이른 저녁에 잠들고 새벽에 일어나는 암탉의 습성에서 유래했습니다. '암탉들과 함께 잔다'라는 것은 암탉처럼 매우 일찍 잠자리에 든다는 비유적 표현입니다.

직역 나는 암탉들과 함께 자.

단어 acostarse 잠에 들다 · con ~와 함께 · gallina 암탉

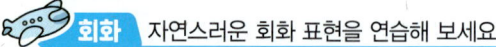 **회화** 자연스러운 회화 표현을 연습해 보세요.

A: ¿A qué hora te acuestas normalmente?
보통 몇 시에 자니?

B: A las ocho. Me acuesto con las gallinas.
8시에 자. 나 엄청 일찍 자.

Comemos del mismo plato.
우리는 절친이야.

함께 같은 음식을 먹을 정도로 취향이 같은 절친임을 의미합니다. 같은 종류의 음식뿐만 아니라, 한 접시에 있는 음식을 함께 나누어 먹는다는 의미도 포함되어 있어서 서로 매우 친한 사이를 나타내는 비유적 표현입니다.

직역 우리는 같은 음식을 먹어.

단어 comer 먹다 · de ~의 · mismo/a 같은 · plato 음식, 접시

 자연스러운 회화 표현을 연습해 보세요.

A: **¿Te llevas bien con Luis?**
너 루이스랑 잘 지내?

B: **Por supuesto.**
 Comemos del mismo plato.
물론이지. 우리는 절친이야.

DAY 8

오늘의 표현

Consultaré con la almohada.

심사숙고해 볼게.

'하루 정도 깊이 고민해 본다'는 의미로 사용합니다. '베개와 상의하다'라는 것은 베개를 베고 누워서 생각하는 모습으로, 심사숙고하겠다는 비유적 표현입니다.

직역 나는 베개와 상의해 볼게.

단어 consultar 상의하다 · con ~와 함께 · almohada 베개

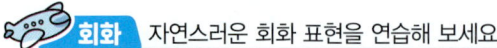
회화 자연스러운 회화 표현을 연습해 보세요.

A: ¿A dónde vamos de vacaciones, playa o montaña?
우리 휴가 어디로 가지? 해변으로, 아니면 산으로?

B: A ver… Consultaré con la almohada.
어디 보자… 심사숙고해 볼게.

오늘의 표현

No hagas castillos en el aire.

근거 없는 계획 세우지 마.

현실적으로 실행하기 어려운 일을 비유적으로 표현할 때 사용합니다. 허공에 성을 짓는 것은 근거 없는 계획이나 꿈같은 일을 의미합니다.

직역 허공에 성을 짓지 마.

단어 hacer 하다, 만들다 • castillo 성 • en ~에 • aire 허공

 회화   자연스러운 회화 표현을 연습해 보세요.

A: Dejaré de trabajar y daré la vuelta al mundo.
일 관두고 세계 일주나 해야지.

B: No hagas castillos en el aire.
근거 없는 계획 세우지 마.

오늘의 표현

Estoy como unas castañuelas.
난 너무 기뻐.

매우 기쁘거나 신나는 감정을 나타낼 때 사용합니다. 플라멩코 공연에서 캐스터네츠를 치며 기쁨을 표현하는 장면에서 유래했으며, 캐스터네츠처럼 기쁨이 넘치는 상태의 비유적 표현입니다.

직역 나는 캐스터네츠와 같아.
단어 estar ~인 상태이다 · como ~와 같은 · castañuelas 캐스터네츠

회화 자연스러운 회화 표현을 연습해 보세요.

A: **Enhorabuena por el ascenso.**
승진 축하해.

B: **Sí. Estoy como unas castañuelas.**
응. 나 너무 기뻐.

외워봅시다!

글을 읽고 해석하거나 작문해 보세요.

- 우리는 절친이야.

  Comemos del mismo plato.

- 근거 없는 계획 세우지 마.

  No hagas castillos en el aire.

- 난 너무 기뻐.

  Estoy como unas castañuelas.

- Me acuesto con las gallinas.

  나 일찍 잠들어 자.

- Consultaré con la almohada.

  생각해보고 올게.

우체국

• 우체국

스페인 우체국은 노란색 바탕에 파란색 왕관과 달팽이 그림이 그려진 마크가 특징입니다. 한국과 달리 영업시간이 짧고 업무 처리 속도가 빠르지 않아 여유를 가지고 방문하는 것이 좋습니다.

✅ **꿀팁 용어**

correos 우체국 · enviar 보내다 · paquete 소포

• 소포 보내기

소포 요금은 부피보다 무게를 기준으로 결정됩니다. 자석류, 올리브유, 알코올이 들어간 화장품 등은 발송이 제한되니 주의하세요.

✅ **꿀팁 용어**

frágil 깨지기 쉬운 · peso 중량

• 우체통

거리 곳곳에서 우체통을 쉽게 찾을 수 있습니다.

- 노란색 우체통 : 일반 우편물
- 빨간색 우체통 : 긴급 우편물

✅ 꿀팁 용어

　　buzón 우체통 · urgente 긴급의

• 국제 우편

스페인에서 한국으로 소포를 보낼 때 한국 주소와 연락처는 한국어나 영어로, 스페인 현지 체류 중인 주소는 스페인어로 작성해야 합니다. 신분증은 여권을 제시하면 됩니다.

✅ 꿀팁 용어

　　tarjeta postal 우편엽서 · sello 봉투 · por avión 항공편으로

02-09

오늘의 표현

Está para chuparse los dedos.
엄청 맛있어.

음식이 너무 맛있다는 것을 강조할 때 사용하는 표현입니다. 갈비를 뜯고 손가락까지 빨아먹는 모습에서 착안한 것으로, 음식이 너무 맛있어서 손가락까지 빨아먹을 정도라는 비유적 표현입니다.

직역 손가락을 빨아먹을 정도야.
단어 estar ~인 상태이다 · para ~하기 위한 · chuparse 빨다 · dedo 손가락

회화 자연스러운 회화 표현을 연습해 보세요.

A: La comida de este restaurante está para chuparse los dedos.
이 레스토랑 음식은 엄청 맛있어.

B: Tienes razón. Aquí se come bien.
네 말이 맞아. 여기 맛집이야.

Es la gota que colma el vaso.

그게 결정적인 계기야.

더는 참을 수 없게 된 결정적인 계기를 나타낼 때 사용합니다. 물이 가득 찬 컵에 마지막 한 방울이 떨어져 넘치는 모습에서 유래한 것으로, '컵을 넘치게 만든 물방울'은 어떤 일을 터뜨리게 만든 직접적인 원인을 나타내는 비유적 표현입니다.

직역 컵을 넘치게 만든 물방울이다.

단어 ser ~이다 • gota 물방울 • colmar 넘치다 • vaso 물컵

 자연스러운 회화 표현을 연습해 보세요.

A: **Pedro le mintió a su novia.**
뻬드로가 여자친구한테 거짓말을 했어.

B: **Es la gota que colma el vaso.
Por eso se rompió.**
그게 결정적인 계기야. 그래서 헤어졌잖아.

오늘의 표현

Arrimas el ascua a tu sardina.

너 참 이기적이다.

자신의 이익을 위해 다른 사람을 희생시키거나 불공정한 방식으로 행동하는 사람을 지칭할 때 사용합니다. '자기 정어리를 굽기 위해 불을 가까이 한다'라는 것은 자신의 목적을 달성하려고 불을 자기 쪽으로 끌어당기는 행동에서 유래하며, 다른 사람을 고려하지 않고 자기 이익을 먼저 챙기려는 이기적인 행동의 비유적 표현입니다.

직역 너는 네 정어리를 굽기 위해 불을 가까이한다.

단어 arrimar 가까이하다 · ascua 불덩이 · a ~에게 · tu 너의 · sardina 정어리

회화 자연스러운 회화 표현을 연습해 보세요.

A: No me importa si él está enfermo o no.
그가 아프든지 말든지 난 상관없어.

B: Arrimas el ascua a tu sardina.
너 참 이기적이다.

No me hagas la trece catorce.

놀리지 마.

누군가 나를 놀리거나 말도 안 되는 요구를 할 때 사용합니다. 자동차 공구 사이즈에서 유래한 것으로, 나사를 조이는 공구 사이즈는 보통 8-9, 10-11, 12-13 순서로 나오기 때문에, 13-14 사이즈는 존재하지 않습니다. 없는 사이즈를 요구하는 것은 놀리려는 의도라는 비유적 표현입니다.

직역 나한테 13-14를 지어내지 마.
단어 me 나에게 · hacer 창작하다 · trece 숫자 13 · catorce 숫자 14

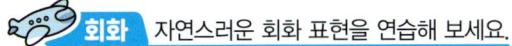

A: ¿Por qué llevas los zapatos desparejados?
너 왜 신발을 짝짝이로 신고 있어?

B: **No noto nada raro.** No me hagas la trece catorce.
난 전혀 이상한 걸 못 느끼겠는데. 놀리지 마.

오늘의 표현

No me busques las cosquillas.

나 좀 괴롭히지 마.

나를 건드려서 불편하게 만들지 말라는 경고의 의미로 사용합니다. 간지럼을 태우는 것은 순간적으로 웃음을 유발하지만 지속되거나 반복되면 불쾌하고 짜증 나는 감정의 비유적 표현입니다.

직역 나한테 간지럼 태울 곳을 찾지 마.

단어 me 나한테 · buscar 찾다 · cosquillas 간지럼(타는 곳)

 자연스러운 회화 표현을 연습해 보세요.

A: No me busques las cosquillas.
나 좀 괴롭히지 마.

B: No me malinterpretes.
No hice nada.
내 말 오해하지 마. 나 아무것도 안 했어.

외워봅시다!
글을 읽고 해석하거나 작문해 보세요.

- 그게 결정적인 계기야.

  Es la gota que colma el vaso.

- 너 참 이기적이다.

  Arrimas el ascua a tu sardina.

- 나 좀 괴롭히지 마.

  No me busques las cosquillas.

- **No me hagas la trece catorce.**

  날 속이지 마.

- **Está para chuparse los dedos.**

  정말 맛있어.

다양한 축제

• 라 토마티나 축제 La Tomatina

'토마토 축제'로 잘 알려져 있으며, 스페인 발렌시아 주의 작은 도시 부뇰에서 매년 8월 마지막 주 수요일에 열립니다. 축제 참가자는 티켓을 통해 인원이 제한되므로 미리 예약을 해야 합니다.

✅ 꿀팁 용어

asistente 참가자 • **reglas** 규칙

• 산 페르민 축제 San Fermín

스페인 북부 나바라 주의 팜플로나에서 매년 7월 6일~14일까지 열리며, 헤밍웨이의 소설 「태양은 다시 떠오른다」에 등장해 세계적으로 유명해진 축제입니다. 다양한 행사 중, 소몰이 행사가 가장 유명합니다.

✅ 꿀팁 용어

encierro 엔시에로(소몰이 행사)

• 동방박사의 날 Día de los Reyes Magos

1월 6일 아기 예수를 찾아온 세 명의 동방박사를 기념하기 위한 행사입니다. 특히, 어린이들에게 큰 의미가 있는 날로, 스페인 어린이들은 크리스마스에 산타클로스 대신 동방박사가 선물을 가져다준다고 믿습니다.

✅ 꿀팁용어

roscón de reyes 로스콘 데 레예스(동방박사의 날에 먹는 빵)

• 불꽃 축제 Las Fallas

매년 3월 15일~19일까지 스페인 발렌시아에서 열리는 불꽃 축제는 묵은 해를 보내고 새로운 봄을 맞이하는 의미를 담고 있습니다. 거리 곳곳에 전시된 모형 인형들은 축제 마지막 날 최우수 작품을 제외하고 모두 불태워집니다.

✅ 꿀팁용어

ninot 니놋(축제에 전시되는 모형 인형) • falla 불꽃

DAY 10

 02-10

오늘의 표현

No grites a los cuatro vientos.

동네방네 소문 내지 마.

비밀이나 중요한 정보를 함부로 외부에 퍼뜨리지 말라는 의미로 사용합니다. '사방을 향해 소리친다'라는 것은 소문이나 이야기를 널리 퍼뜨리는 상황을 비유한 표현으로, 특정한 정보를 무분별하게 공개하거나 다른 사람에게 알리는 행동의 경고를 의미합니다.

직역 사방을 향해 소리치지 마.
단어 gritar 소리치다 · a ~로 · cuatro 숫자 4 · viento 바람

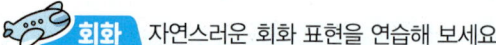

회화 자연스러운 회화 표현을 연습해 보세요.

A: Dicen que ganaste dinero con las acciones.
너 주식으로 돈 벌었다는 이야기를 하던데.

B: Es un secreto. No grites a los cuatro vientos.
이거 비밀이야. 동네방네 소문 내지 마.

오늘의 표현

Me he quemado las pestañas.

나 밤새 열공했어.

밤새워 공부에 몰두했을 때 사용하는 표현입니다. 밤에 촛불을 켜고 열심히 공부하다가 속눈썹이 타는 상황에서 유래했습니다. pestañas(속눈썹) 대신 cejas(눈썹)를 사용하기도 합니다.

직역 나는 속눈썹을 태워버렸어.
단어 quemarse 태워버리다 · pestañas 속눈썹

 자연스러운 회화 표현을 연습해 보세요.

A: ¿Por qué estás tan cansado?
너 왜 그렇게 피곤해?

B: Me he quemado las pestañas.
나 밤새 열공했어.

DAY 10

오늘의 표현

Pagaré con la misma moneda.
똑같이 복수할 거야.

누군가에게 당한 일을 대갚음하려는 상황에서 사용합니다. 동전은 그 가치만큼의 물건과 교환할 수 있다는 의미를 가지고 있기 때문에 '같은 동전으로 지불한다'라는 것은 상대방에게 당한 대로 똑같이 복수하겠다는 비유적 표현입니다.

직역 같은 동전으로 돈을 낼 거야.

단어 pagar 지불하다 · con ~와 함께 · mismo/a 같은 · moneda 동전

회화
자연스러운 회화 표현을 연습해 보세요.

A: ¡Qué enfadado! Pagaré con la misma moneda.
정말 화나! 똑같이 복수할 거야.

B: Tranquilo. No es para tanto.
진정해. 그 정도는 아니잖아.

Tengo la sartén por el mango.

결정권은 나한테 있어.

자신이 상황을 지배하거나 통제할 때 사용합니다. '손잡이를 쥐고 있다'라는 것은 뜨거운 프라이팬의 손잡이를 쥐고 있다는 상황에서 유래한 것으로, 결정권을 갖고 있다는 의미의 비유적 표현입니다. 한국어의 '칼자루를 쥐고 있다'와 유사합니다.

직역 내가 프라이팬을 손잡이로 잡고 있어.

단어 tener 가지고 있다 · sartén 프라이팬 · por ~로 · mango 손잡이

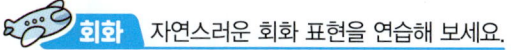 자연스러운 회화 표현을 연습해 보세요.

A: Todavía no hemos decidido dónde pasar navidad.
우리 아직 크리스마스 어디서 보낼지 못 정했어.

B: Espera. Tengo la sartén por el mango.
기다려. 결정권은 나한테 있어.

DAY 10

오늘의 표현

No hagas leña del árbol caído.

남의 불행을 이용하지 마.

원래는 나무를 베어서 장작을 만들지만 힘들게 나무를 베지 않고 이미 떨어진 나무를 주워서 장작으로 쓰는 것은 마치 남의 불행을 이용하는 것과 같다는 비유적 표현입니다.

직역 떨어진 나무를 가지고 장작을 만들지 마.

단어 hacer 만들다 · leña 장작 · de ~의 · árbol 나무 · caído 떨어진

회화 자연스러운 회화 표현을 연습해 보세요.

A: Luis fue despedido.
Ya es casi seguro que seré promovido.
루이스가 해고됐어. 이제 내가 승진하는 건 거의 확정이야.

B: No hagas leña del árbol caído.
남의 불행을 이용하지 마.

외워봅시다!

글을 읽고 해석하거나 작문해 보세요.

- 동네방네 소문 내지 마.

  No grites a los cuatro vientos.

- 나 밤새 열공했어.

  Me he quemado las pestañas.

- 결정권은 나한테 있어.

  Tengo la sartén por el mango.

- Pagaré con la misma moneda.

  눈에는 눈, 이에는 이야.

- No hagas leña del árbol caído.

  남의 불행을 이용하지 마.

유명 브랜드

• 자라 Zara

세계적으로 유명한 패션 브랜드로 한국에도 잘 알려져 있습니다. 성인복부터 아동복까지 다양한 옷을 비교적 저렴한 가격에 만나볼 수 있습니다. 특히 스페인 매장에서는 한국에서 찾기 힘든 디자인의 제품들도 많이 판매됩니다.

✅ 꿀팁용어

moda 패션 • hombre 남성
mujer 여성 • niño/a 남자/여자아이

• 마시모두띠 Massimo Dutti

자라와 같은 계열사의 브랜드로 심플하면서 고급스러운 느낌의 옷들이 많습니다. 품질이 자라보다 조금 더 우수하기 때문에 가격대도 조금 더 높습니다. 가죽 제품이 특히 유명합니다.

✅ 꿀팁용어

producto de cuero 가죽 제품

• 망고 Mango

세계적으로 유명한 의류 브랜드입니다. 바르셀로나 망고 아웃렛 매장에서는 한국보다 훨씬 저렴한 가격에 구입할 수 있습니다.

• 빔바이롤라 Bimba y Lola

세계적으로 유명한 여성 의류 및 액세서리 브랜드로, 최신 패션 트렌드를 반영한 다양한 제품이 많습니다. 한국에는 공식 매장이 없으므로, 스페인 여행 시 구매를 추천합니다.

✅ 꿀팁 용어

cartera 지갑 · **reloj** 시계
accesorios 액세서리

DAY 11

오늘의 표현

Empiezas la casa por el tejado.

너는 일에 두서가 없어.

일의 기본 순서나 방법을 무시하고 잘못된 방식으로 시작할 때 사용하는 표현입니다. 집을 지을 때 바닥부터 차근차근 올려야 하는데, 천장부터 시작한다는 것은 일을 두서없이 진행한다는 의미의 비유적 표현입니다.

직역 너는 집 짓는 일을 천장에서부터 시작해.

단어 empezar 시작하다 · casa 집 · por ~에서 · tejado 천장

회화 자연스러운 회화 표현을 연습해 보세요.

A: No debería haber hecho eso primero.
그걸 먼저 하지 말았어야 했는데.

B: Empiezas la casa por el tejado.
너는 일에 두서가 없어.

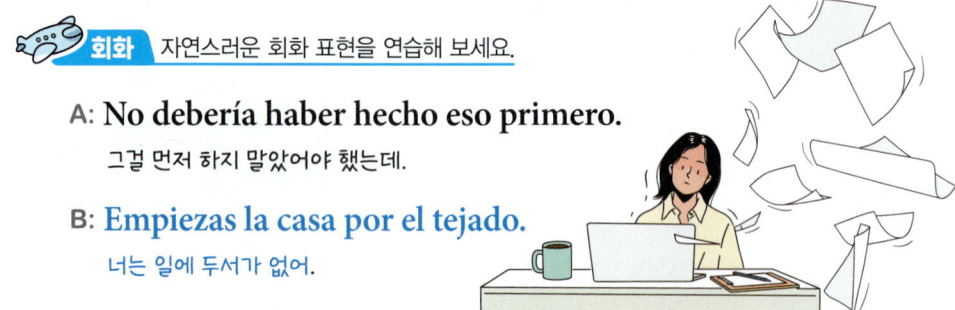

Te ahogas en un vaso de agua.

너는 걱정을 사서 한다.

지나치게 걱정하는 사람에게 사용하는 표현입니다. 물 한 컵에 빠져서 질식하는 것은 불가능하기 때문에, 크게 걱정할 상황이 아닌데도 지나치게 걱정하거나 불안해하는 모습의 비유적 표현입니다.

직역 너는 물 한 컵에 질식한다.

단어 ahogarse 질식하다 · en ~에 · vaso 물컵 · de ~의 · agua 물

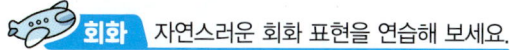

A: **Si no llegamos a tiempo, ¿qué hacemos?**
우리 제시간에 못 도착하면 어떡해?

B: **No puede ser. Te ahogas en un vaso de agua.**
말도 안 돼. 넌 걱정을 사서 해.

오늘의 표현

Pon toda la carne en el asador.

최선을 다해라.

할 수 있는 모든 것을 다 쏟아붓는 상황을 표현할 때 사용합니다. 구울 수 있는 고기를 모두 그릴에 올린다는 것은, 모든 자원을 동원해 최선을 다한다는 비유적 표현입니다.

직역 모든 고기를 그릴에 놓아라.

단어 poner 놓다 · todo/a 모든 · carne 고기 · en ~에 · asador 그릴

 **회화** 자연스러운 회화 표현을 연습해 보세요.

A: **Pon toda la carne en el asador.**
   최선을 다해라.

B: **De acuerdo, mamá.**
   알겠어요, 엄마.

오늘의 표현

Estamos como sardinas en lata.

우리는 꽉 끼었어.

좁은 공간에 많은 사람이 빽빽하게 차 있는 상황을 묘사할 때 사용합니다. '통조림에 든 정어리들 같다'라는 것은 한정된 공간에 많은 사람이 밀집한 상태를 나타내며, 한국어의 '콩나물시루 같다'의 의미와 유사합니다.

직역 우리는 통조림에 든 정어리들 같아.

단어 estar ~인 상태이다 · como ~와 같은 · sardina 정어리
en ~에 · lata 통조림

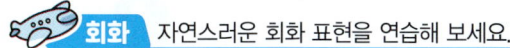 자연스러운 회화 표현을 연습해 보세요.

A: **Hay mucha gente en el autobús. El tráfico de la hora punta es horrible.**
버스에 사람이 많네. 러시아워에 교통은 정말 끔찍해.

B: **Sí. Estamos como sardinas en lata.**
맞아. 우리는 꽉 끼었어.

오늘의 표현

No te doy vela en este entierro.

상관하지 마.

어떤 일에 관여할 자격이 없다는 의미로 사용합니다. 장례식에서 참석자에게 양초를 나눠주는 풍습에서 유래한 말로, 양초를 받지 못한 사람은 고인과 무관한 사람을 의미하므로, '양초를 주지 않는다'라는 것은 '(이 일에) 상관하지 말라'는 뜻을 담은 비유적 표현입니다.

직역 나는 이 묘지에서 너한테 양초를 주지 않아.

단어 te 너에게 · dar 주다 · vela 양초 · en ~에서 · este 이, 이것 · entierro 묘지

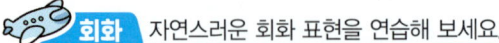

회화 자연스러운 회화 표현을 연습해 보세요.

A: **Creo que debes hacerlo primero.**
내 생각에는 네가 그걸 먼저 해야 될 것 같은데.

B: **No te doy vela en este entierro.**
상관하지 마.

외워봅시다!

글을 읽고 해석하거나 작문해 보세요.

- 너는 걱정을 사서 한다.

  Te ahogas en un vaso de agua.

- 최선을 다해라.

  Pon toda la carne en el asador.

- 상관하지 마.

  No te doy vela en este entierro.

- Estamos como sardinas en lata.

  우리는 꽉 끼었어.

- Empiezas la casa por el tejado.

  너는 앞뒤 순서가 없어.

영화

• 오픈 유어 아이즈 Abre los ojos

알레한드로 아메나바르 감독의 데뷔작으로 1997년에 개봉했으며, '로맨스, 미스터리, 판타지'가 결합한 영화입니다. 세련된 영상미와 탄탄한 스토리텔링으로 많은 관객들의 호평을 받았습니다.

✅ 꿀팁 용어

película 영화 • **ojo** 눈

• 내 어머니의 모든 것 Todo sobre mi madre

페드로 알모도바르 감독의 대표작으로 1999년에 개봉했으며, 모성애를 중심으로 '성 정체성, 가족의 의미' 등 당시 사회적 문제를 다룬 영화입니다. 칸 영화제에서 황금종려상을 받았습니다.

✅ 꿀팁 용어

todo 모든 것 • **sobre** ~에 대한
madre 어머니

• 귀향 Volver

페드로 알모도바르 감독의 작품으로 2006년에 개봉했으며, 가족의 사랑과 용서를 다룬 감동적인 영화입니다. 한국에서는 2006년에 '귀향'이라는 제목으로 상영되었습니다.

✅ 꿀팁 용어

volver 돌아오다

• 인비저블 게스트 Contratiempo

오리올 파울로 감독의 작품으로 2016년에 개봉했으며, 긴장감 넘치는 전개의 스릴러 영화입니다. 한국에서는 2022년에 '자백'이라는 제목으로 리메이크되었습니다.

스페인 **탐방기** 223

오늘의 표현

Eres más listo/a que el hambre.

넌 정말 천재야.

아주 영리하거나 눈치가 빠른 사람을 표현할 때 사용합니다. 배고픔을 해결하기 위해 사람들은 온갖 수단을 동원하는데, '배고픔보다 더 똑똑하다'라는 것은 어떤 상황에서도 문제를 해결할 만큼 머리가 빠르다는 의미의 비유적 표현입니다.

직역 너는 배고픔보다 더 똑똑해.

단어 ser ~이다 · más ~ que ~보다 더 · listo/a 똑똑한 · hambre 배고픔

회화 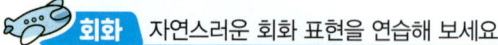 자연스러운 회화 표현을 연습해 보세요.

A: He sacado la nota perfecta otra vez en el examen.
나 시험에서 또 만점 받았어.

B: Eres más lista que el hambre.
넌 정말 천재야.

오늘의 표현

La cabra siempre tira al monte.

제 버릇 개 못 줘.

사람은 본성을 쉽게 바꾸지 못한다는 의미로 사용합니다. '산양은 항상 산으로 향한다'라는 것은 산양이 산에서 생활하는 습관을 비유한 것으로, 습관은 쉽게 바뀌지 않음을 의미합니다. 한국어의 '제 버릇 개 못 준다'의 의미와 유사합니다.

직역 산양은 항상 산으로 향하는 성향이 있다.

단어 cabra 산양 · siempre 항상 · tirar 성향이 있다 · a ~로 · monte 산

 **회화** 자연스러운 회화 표현을 연습해 보세요.

A: **María engañó a su pareja otra vez.**
마리아가 또 바람피웠어.

B: **¿Otra vez?**
   La cabra siempre tira al monte.
   또? 제 버릇 개 못 줘.

DAY 12

오늘의 표현

No le busques tres pies al gato.

트집 잡지 마.

누군가 시시콜콜한 문제나 불필요한 트집을 잡을 때 사용합니다. 네 개의 발을 가진 고양이에게 세 개의 발을 찾는 것은 생트집을 잡는 것과 같다는 비유적 표현입니다.

직역 고양이한테서 세 개의 발을 찾지 마.

단어 le (3인칭 단수)에게 · buscar 찾다 · tres 숫자 3 · pie 발 · a ~에게
gato 고양이

회화 자연스러운 회화 표현을 연습해 보세요.

A: Me parece que José está equivocado.
내 생각에 호세가 실수한 것 같은데.

B: ¡Qué va! No le busques tres pies al gato.
무슨 소리야! 트집 잡지 마.

오늘의 표현

Echamos las campanas al vuelo.

좋은 소식은 널리 알려야지.

기쁜 소식을 전할 때 사용합니다. 옛날에는 라디오나 전화 같은 소식통이 없어, 중요한 소식을 종소리로 알렸습니다. '종소리를 재빠르게 울린다'라는 것은 좋은 소식을 빠르게 널리 알린다는 비유적 표현입니다.

직역 종소리를 재빠르게 울려야지.
단어 echar 퍼뜨리다 · campana 종, 종소리 · al vuelo 재빠르게

 자연스러운 회화 표현을 연습해 보세요.

A: **Mi hija va a casarse el próximo mes.**
내 딸이 다음 달에 결혼해.

B: **¡Qué bien!**
Echamos las campanas al vuelo.
잘 됐다! 좋은 소식은 널리 알려야지.

DAY 12

오늘의 표현

Estoy entre la espada y la pared.

나 궁지에 몰렸어.

어떤 문제에 대해 더 이상 도망칠 곳이 없거나 해결책을 찾기 어려운 상황에서 사용합니다. 칼을 겨누고 등 뒤에는 벽만 있는 상황을 비유한 것으로, 선택의 여지가 없고 어쩔 수 없는 궁지에 몰린 상황을 나타냅니다.

직역 나는 칼과 벽 사이에 있어.

단어 estar ~에 있다 · entre ~사이에 · espada 칼 · pared 벽

 **회화** 자연스러운 회화 표현을 연습해 보세요.

A: **No sé cómo hago.**
 Estoy entre la espada y la pared.
 내가 어떻게 해야 할지 모르겠어. 궁지에 몰렸어.

B: **Piénsalo de nuevo con calma.**
 다시 한번 차분히 생각해 봐.

외워봅시다!

글을 읽고 해석하거나 작문해 보세요.

- 넌 정말 천재야.

  Eres más listo/a que el hambre.

- 트집 잡지 마.

  No le busques tres pies al gato.

- 좋은 소식은 널리 알려야지.

  Echamos las campanas al vuelo.

- La cabra siempre tira al monte.

  제 버릇 개 못 준.

- Estoy entre la espada y la pared.

  나 옴짝에 몰렸어.

유명 화가

• 디에고 벨라스케스 Diego Velázquez

17세기 스페인을 대표하는 화가로, 펠리페 4세의 궁정화가였습니다. 주요 작품으로는 「시녀들, 비너스의 단장」 등이 있으며, 마드리드 프라도 미술관에 전시되어 있습니다.

✅ 꿀팁용어

meninas 시녀들 • pintor/a 남자/여자 화가

• 프란시스코 데 고야 Francisco de Goya

18~19세기 스페인을 대표하는 화가로, 유명 작품으로는 「옷을 입은 마하」와 「옷을 벗은 마하」가 있습니다.

✅ 꿀팁용어

vestido/a 옷을 입은 • desnudo/a 옷을 벗은

• 파블로 피카소 Pablo Picasso

세계적으로 유명한 화가로, 대표작으로는 스페인 내전 중 게르니카 마을의 참상을 표현한 「게르니카」가 있습니다. 전쟁의 비극에 대한 분노와 고통이 강렬하게 담긴 작품입니다.

• 살바도르 달리 Salvador Dalí

스페인의 초현실주의를 대표하는 화가로, 독창적인 작품을 많이 남겼습니다. 막대 사탕 츄파춥스의 로고를 제작한 화가이기도 합니다.

✅ 꿀팁용어

logotipo 로고

DAY 13

 02-13

오늘의 표현

Estoy en época de vacas gordas.

나 요즘 돈 좀 있어.

어려운 시기를 지나 물질적으로 풍족하고 여유 있는 상태를 의미할 때 사용합니다. '살찐 젖소'는 수확과 풍요의 상징으로, 경제적으로 여유 있는 시기의 비유적 표현입니다.

직역 나는 살찐 젖소의 시기에 있어.

단어 estar ~에 있다 · en ~에 · época 시기 · de ~의 · vaca 젖소 · gordo/a 살찐

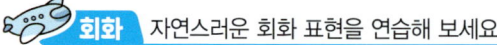

회화 자연스러운 회화 표현을 연습해 보세요.

A: ¿Por qué has comprado tanta ropa?
왜 그렇게 옷을 많이 샀어?

B: Estoy en época de vacas gordas.
나 요즘 돈 좀 있어.

오늘의 표현

Estoy como agua para chocolate.

나 폭발하기 일보 직전이야.

화가 나서 감정이 끓어오른 상태를 표현할 때 사용합니다. 과거에는 초콜릿을 뜨거운 물에 녹여 마셨습니다. '초콜릿을 위한 물'은 펄펄 끓는 뜨거운 물을 의미하며, 뜨거운 물처럼 끓는 감정의 비유적 표현입니다.

직역 나는 초콜릿을 위한 물과 같은 상태야.

단어 estar ~인 상태이다 · como ~와 같은 · agua 물 · para ~을 위한 chocolate 초콜릿

회화 자연스러운 회화 표현을 연습해 보세요.

A: ¿Qué te pasa? ¿Te has peleado con Celia?
무슨일이야? 너 셀리아랑 싸웠어?

B: Sí. **Estoy como agua para chocolate.**
응. 나 폭발하기 일보 직전이야.

DAY 13

오늘의 표현

Tienes la cabeza llena de pájaros.

너는 꿈속에 사는구나.

상대방이 비현실적이거나 공상적인 생각을 할 때 사용합니다. '머리가 새들로 가득 차 있다'라는 것은 자유롭게 날아다니는 새의 모습을 빗대어, 현실감 없는 생각이나 꿈같은 상상에 빠져 있음을 의미하는 비유적 표현입니다.

직역 너는 새들이 가득 찬 머리를 가지고 있구나.

단어 tener 가지고 있다 · cabeza 머리 · lleno/a 가득 찬 · de ~의 · pájaro 새

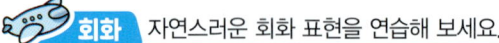
회화 자연스러운 회화 표현을 연습해 보세요.

A: **Quiero vivir sin trabajar.**
일하지 않고 살고 싶다.

B: **Tienes la cabeza llena de pájaros.**
꿈같은 소리 하네.

Siento mariposas en el estómago.

나 좀 설렌다.

감정이 요동치거나 설렐 때 사용하는 표현입니다. 뱃속에서 나비가 날갯짓하는 듯한 느낌을 비유한 말로, '설렌다, 감정이 들떴다'라고 말할 때 쓰이며, 특히 사랑의 감정이나 기대감이 들 때 자주 사용합니다.

직역 나는 배에서 나비들을 느낀다.

단어 sentir 느끼다 · mariposa 나비 · en ~에서 · estómago 배

회화 자연스러운 회화 표현을 연습해 보세요.

A: Era una película romántica. Realmente me conmovió.
로맨틱한 영화였어. 정말 감동했어.

B: Sí. Siento mariposas en el estómago.
맞아. 나 좀 설레.

오늘의 표현

Hoy no está el horno para bollos.

오늘은 때가 아니야.

어떤 일을 시작하거나 요구하기에 적합한 시기가 아닐 때 사용합니다. '빵을 위한 오븐이 아니다'라는 것은 빵을 구울 준비가 되어 있지 않음을 비유적으로 나타내며, 상황이 좋지 않거나 준비되지 않은 시점을 의미합니다.

직역 오늘은 빵을 위한 오븐이 아니야.

단어 hoy 오늘 · estar ~인 상태이다 · horno 오븐 · para ~을 위한 · bollo 빵

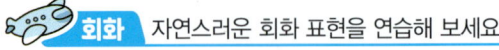

자연스러운 회화 표현을 연습해 보세요.

A: Voy a declararme a Sofía.
나 소피아에게 고백하려고.

B: No. Hoy no está el horno para bollos.
아니야. 오늘은 때가 아니야.

외워봅시다!

글을 읽고 해석하거나 작문해 보세요.

- 나 요즘 돈 좀 있어.

  Estoy en época de vacas gordas.

- 나 좀 설렌다.

  Siento mariposas en el estómago.

- 오늘은 때가 아니야.

  Hoy no está el horno para bollos.

- Tienes la cabeza llena de pájaros.

  너는 몽상에 사로잡혀 있다.

- Estoy como agua para chocolate.

  나 폭발하기 일보 직전이야.

스포츠 선수

• 라파엘 나달 Rafael Nadal

프로 테니스 선수로, 15세에 프로 대회 첫 우승을 시작으로 수많은 기록을 남겼습니다. 2024년 11월 말라가에서 열린 데이비스 컵 파이널스 경기를 끝으로 은퇴했습니다.

✅ **꿀팁 용어**

tenis 테니스 · tenista 테니스 선수

• 파우 가솔 Pau Gasol

스페인을 대표하는 농구 선수로, 2001년 NBA에 입성해 뛰어난 실력으로 주목받았습니다. 코비 브라이언트와 함께 2년 연속 NBA 챔피언십을 차지했으며, 2021년 은퇴했습니다. 동생 '마크 가솔'도 농구 스타로 활약하다 2024년에 은퇴했습니다.

✅ **꿀팁 용어**

baloncesto 농구

• **라울 곤살레스** Raúl González

레알 마드리드의 상징적인 축구 선수로, 뛰어난 경기 성과와 자선 활동으로도 유명합니다. 은퇴 후에도 세계적인 축구 스타로 존경받고 있습니다.

✅ 꿀팁 용어

futbolista 축구 선수

• **존 람 로드리게스** Jon Rahm Rodríguez

스페인의 유명 골프 선수로, 세계에서 가장 높은 연봉을 받는 골퍼로 선정되었습니다. 양쪽 다리 길이가 다른 신체적 장애를 극복하고 프로 골퍼로서 훌륭한 성과를 거두고 있습니다.

✅ 꿀팁 용어

golf 골프 • **golfista** 골프 선수 • **campo de golf** 골프장

DAY 14

오늘의 표현

Es más raro/a que un perro verde.

걔는 정말 특이해.

이상한 행동을 하거나 특이한 사물 등을 표현할 때 사용합니다. '초록색 개보다 더 희한하다'라는 것은 현실에 존재하지 않는 개처럼, 매우 드물고 특이한 대상을 비유적으로 나타내며, 부정적인 뉘앙스로 사용됩니다.

직역 걔는 초록색 개보다 더 희한해.

단어 ser ~이다 · más 더 · que ~보다 · raro/a 이상한
perro 개 · verde 초록색의

회화 자연스러운 회화 표현을 연습해 보세요.

A: **No entiendo por qué él lo hizo.**
나는 그가 왜 그렇게 했는지 이해할 수가 없어.

B: **Es más raro que un perro verde.**
걔는 정말 특이해.

Tengo la mosca detrás de la oreja.

너무 수상해.

무언가 수상하거나 의심스러운 상황을 표현할 때 사용합니다. '귀 뒤에 파리가 있다'라는 것은 귀 뒤에서 파리가 윙윙거리면 신경이 쓰이고 거슬리기 때문에, 뭔가 이상하고 의심스럽다는 의미의 비유적 표현입니다.

직역 나는 귀 뒤에 파리를 가지고 있어.

단어 tener 가지고 있다 · mosca 파리 · detrás de ~의 뒤에 · oreja 귀

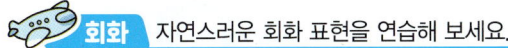

자연스러운 회화 표현을 연습해 보세요.

A: ¡Qué raro! Nadie ha visto tu cartera. ¿Dónde la has puesto?
참 이상하다! 아무도 네 지갑을 못 봤어. 어디다 뒀었는데?

B: En mi bosillo. Tengo la mosca detrás de la oreja.
내 주머니에. 너무 수상해.

DAY 14

오늘의 표현

Lo tengo en la punta de la lengua.

기억이 날 듯 말 듯 해.

말하려고 하는 것이 바로 떠오르지 않고 어렴풋이 기억날 때 사용합니다. '혀끝에 가지고 있다'라는 것은 그 말이 거의 떠오르지만 완전히 기억나지 않는 상황을 비유한 것으로, 한국어의 '생각이 날 듯 말 듯 하다'의 의미와 유사합니다.

직역 나는 그것을 혀끝에 가지고 있어.
단어 lo 그것을 · tener 가지고 있다 · en ~에 · punta 끝 · de ~의 · lengua 혀

회화 자연스러운 회화 표현을 연습해 보세요.

A: ¿Sabes cómo se llama ese actor?
그 남자 배우 이름 알아?

B: Lo tengo en la punta de la lengua.
기억이 날 듯 말 듯 해.

Tiras piedras sobre tu propio tejado.

누워서 침 뱉기야.

자신의 행동으로 자신에게 피해를 줄 때 사용합니다. 돌을 자신의 집 지붕에 던지면 결국 그 돌이 자기 집을 해치게 되듯, 스스로 곤란한 상황을 자초한다는 의미입니다. 한국 속담의 '누워서 침 뱉기'와 유사합니다.

직역 너는 너의 지붕 위로 돌을 던지네.

단어 tirar 던지다 · piedra 돌 · sobre ~위에 · tu 너의 · propio 고유의 · tejado 지붕

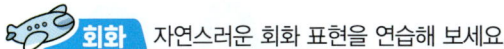

A: **No quiero hablar con Manuel.**
마누엘하고 얘기하고 싶지 않아.

B: **Pero necesitas su ayuda. Tiras piedras sobre tu propio tejado.**
근데 걔 도움이 필요하잖아. 그러다 너만 손해야.

오늘의 표현

No me mires por encima del hombro.

나 깔보지 마.

자신을 무시하거나 깔보지 말라는 의미로 사용합니다. 어깨너머로 누군가를 보면 그 사람을 깔보거나 무시하는 느낌이 들기 때문에, 상대방이 자신을 얕잡아 볼 때 자존심을 지키기 위한 비유적 표현입니다.

직역 나를 어깨너머로 보지 마.

단어 me 나를 · mirar 보다 · por encima de ~을 넘어 · hombro 어깨

회화 자연스러운 회화 표현을 연습해 보세요.

A: **Creía que tú no lo ibas a hacer.**
난 네가 그걸 할 거라고 생각하지 못했어.

B: **No me mires por encima del hombro.**
나 깔보지 마.

글을 읽고 해석하거나 작문해 보세요.

- 너무 수상해.

  Tengo la mosca detrás de la oreja.

- 기억이 날 듯 말 듯 해.

  Lo tengo en la punta de la lengua.

- 나 깔보지 마.

  No me mires por encima del hombro.

- Es más raro/a que un perro verde.

  그는 정말 특이해.

- Tiras piedras sobre tu propio tejado.

  누워서 침 뱉기야.

자연환경

• 다양한 지형

스페인은 이베리아반도에 위치하며, 국토의 약 3분의 1이 산지로 이루어져 있습니다. 대서양과 지중해가 만나는 곳으로 다양한 지형과 아름다운 해변을 자랑합니다.

◉ 꿀팁용어

montañas 산악지대 · costa 해안

• 안달루시아 Andalucía

스페인 남부 안달루시아 지방에는 시에라 네바다 산맥과 아름다운 해안이 있습니다. 비옥한 토양 덕분에 오렌지와 올리브 재배로 유명한 지역입니다.

◉ 꿀팁용어

sierra 산맥 · naranja 오렌지

• 발레아레스 제도 Islas Baleares

스페인 본토 동쪽에 있는 발레아레스 제도는 인기 있는 휴양지로 마요르카 섬이 특히 유명합니다. 정부의 관광업 지원 덕분에 매년 많은 관광객이 방문합니다.

✅ 꿀팁 용어

islas 제도 • destinos de verano 여름 휴양지

• 국립 공원과 자연 보호 구역

스페인에는 16개의 국립 공원과 다양한 자연 보호 구역이 있습니다. 다양한 야생동물이 서식하고 있어 스페인 자연의 본연을 경험할 수 있는 관광지입니다.

DAY 15

 02-15

오늘의 표현

No te metas en camisa de once varas.

상황을 곤란하게 만들지 마.

어려운 상황이나 복잡한 일에 끼어들지 말라는 경고의 의미로 사용합니다. vara는 옛 스페인에서 쓰이던 길이 단위로 11바라는 대략 9m 50cm에 해당합니다. 이렇게 큰 셔츠에 몸을 넣는다는 것은 감당하기 어려운 문제에 끼어드는 상황이라는 비유적 표현입니다.

직역 11바라 셔츠에 들어가지 마.
단어 meterse 들어가다 • en ~에 • camisa 셔츠 • de ~의
once 숫자 11 • vara 80cm 정도의 길이를 나타내는 단위

회화 자연스러운 회화 표현을 연습해 보세요.

A: **No te metas en camisa de once varas.**
상황을 곤란하게 만들지 마.

B: **Vale. No diré nada.**
알았어. 아무 말도 안 할게.

오늘의 표현

Me has sacado las castañas del fuego.

네가 날 살렸어.

누군가 어려운 상황에서 자신을 도와주었을 때 사용하는 표현입니다. 프랑스 라퐁테 우화의 '원숭이와 고양이'에서 유래했으며, 고양이가 원숭이를 위해 뜨거운 불에서 밤을 꺼내주는 장면에서 비롯되었습니다. '불에서 밤을 꺼내다'라는 것은 어려운 상황이나 위기에서 벗어나게 도와준다는 비유적 표현입니다.

직역 네가 불에서 밤들을 꺼내 나에게 주었어.
단어 me 나에게 · sacar 꺼내다 · castaña 밤 · de ~로부터 · fuego 불

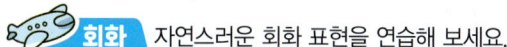
회화 자연스러운 회화 표현을 연습해 보세요.

A: **Menos mal que estás bien.**
네가 괜찮아서 다행이다.

B: **Gracias. Me has sacado las castañas del fuego.**
고마워. 네가 날 살렸어.

오늘의 표현

Mataste la gallina de los huevos de oro.

넌 굴러온 복을 발로 찼어.

어떤 큰 이익이나 기회를 스스로 망쳐버렸을 때 사용합니다. '황금 알을 낳는 암탉을 죽이다'라는 것은 암탉을 죽이면 바로 눈앞의 이익은 얻을 수 있지만, 지속적인 이익을 잃게 된 상황의 비유적 표현입니다.

직역 넌 황금 알을 낳는 암탉을 죽였어.

단어 matar 죽이다 · gallina 암탉 · de ~의 · huevo 달걀 · oro 황금

회화 자연스러운 회화 표현을 연습해 보세요.

A: **He rechazado la oferta de trabajo de Alfonso.**
알폰소의 일자리 제안을 내가 거절했어.

B: **¿Cómo? Mataste la gallina de los huevos de oro.**
뭐라고? 넌 굴러온 복을 발로 찼어.

오늘의 표현

Me conoces como la palma de tu mano.

너는 나를 잘 아는구나.

상대방이 자신을 아주 잘 알고 있다는 의미로 사용합니다. 손바닥은 자주 보고 익숙한 신체 부위이기 때문에, '손바닥처럼 잘 안다'라는 것은 매우 자세히 알고 있음을 나타내는 비유적 표현입니다.

직역 너는 나를 네 손바닥처럼 아는구나.

단어 me 나를 · conocer 알다 · como ~같이 · palma 손바닥 · de ~의 · tu 너의 · mano 손

회화 자연스러운 회화 표현을 연습해 보세요.

A: **No te gusta este estilo de ropa.**
넌 이런 스타일의 옷을 좋아하지 않잖아.

B: **Me conoces como la palma de tu mano.**
너는 나를 잘 아는구나.

DAY 15

오늘의 표현

Estoy como un niño con zapatos nuevos.

난 아주 행복해.

새 신발을 신은 아이는 기쁘고 행복한 모습을 보이기 때문에, '아주 기쁘다, 행복하다'는 의미로 사용하는 표현입니다. 새 신발을 신은 아이처럼 들뜬 기분이나 즐거운 마음의 비유적 표현입니다.

직역 난 새 신발을 가진 아이 같아.

단어 estar ~인 상태이다 · como ~같은 · niño 남자아이 · con ~을 가진 · zapato 신발 · nuevo 새로운

회화 자연스러운 회화 표현을 연습해 보세요.

A: ¡Felicitaciones por tu nueva casa!
새 집 가진 거 축하해!

B: Gracias. Estoy como un niño con zapatos nuevos.
고마워. 너무 행복해.

글을 읽고 해석하거나 작문해 보세요.

- 상황을 곤란하게 만들지 마.

  No te metas en camisa de once varas.

- 네가 날 살렸어.

  Me has sacado las castañas del fuego.

- 난 아주 행복해.

  Estoy como un niño con zapatos nuevos.

- Me conoces como la palma de tu mano.

  너는 나를 잘 아는구나.

- Mataste la gallina de los huevos de oro.

  다 된 죽에 코를 빠뜨렸어.

스페인어로 이름 짓기

• 이름 구조

스페인 이름은 하나의 이름과 두 개의 성으로 구성됩니다. 이름의 순서는 보통 「이름 + 아버지 성 + 어머니 성」이며, 아버지와 어머니의 성을 모두 사용합니다.

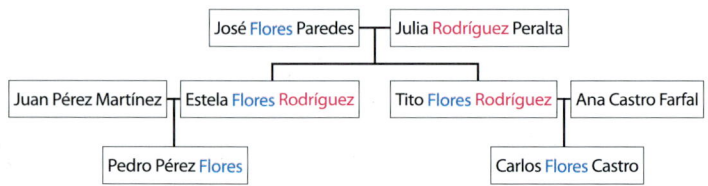

✅ 꿀팁 용어

nombre 이름 · apellido paterno 아버지 성 · apellido materno 어머니 성

• 이름 기재 방법 : 공문서

공문서에는 성을 하나만 기재해야 하는 경우가 있으며, 보통 아버지 성만 사용합니다. 한국인이 스페인 공문서를 작성할 때도 아버지 성까지만 기재하면 됩니다.

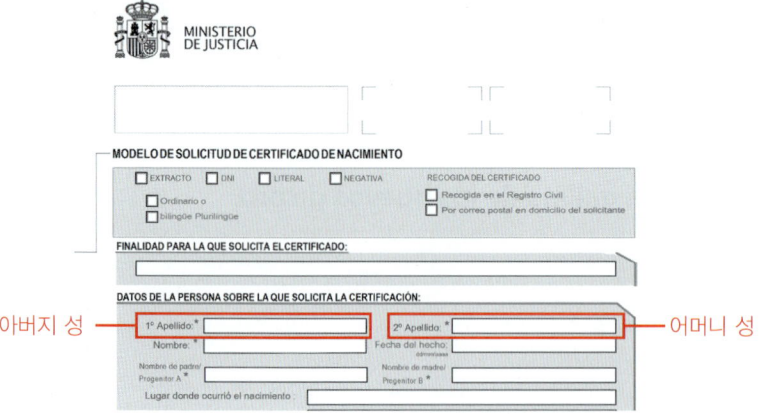

• 문화적 배경

스페인에서는 세례명을 그대로 이름으로 사용하는 경우가 많아, 이름을 짓기보다는 고른다고 표현하는 것이 더 적절합니다. 이로 인해 동명이인이 많은 편입니다.

✅ 의미 있는 스페인 이름

Victoria : 승리, 성공
Clara : 순수하고 투명한
Estela : 별
Jazmín : 재스민 꽃처럼 아름다운
Rita : 진주처럼 아름다운
Andrés : 남자다운, 씩씩한
Jesús : 구원자, 구제자
Pablo : 겸손한 사람
Mateo : 신의 선물
Sofía : 지혜

- 이미지 출처 -

215p. : 빔바이롤라 m.blog.naver.com
222-223p. : 오픈 유어 아이즈 blog.masquemedicos.com
　　　　　　 내 어머니의 모든 것 www.imdb.com
　　　　　　 귀향 www.imdb.com
　　　　　　 자백 star.ohmynews.com
230-231p. : 디에고 벨라스케스 www.diego-velazquez.org
　　　　　　 프란시스코 데 고야 totallyhistory.com
　　　　　　 파블로 피카소 blog.sme.sk
　　　　　　 살바도르 달리 the-brand-guy.com

238-239p. : 라파엘 나달 www.dailysportshankook.co.kr
　　　　　　 파우 가솔 sports.news.nate.com
　　　　　　 라울 곤살레스 www.yna.co.kr
　　　　　　 존 람 로드리게스 www.golfdigest.co.kr